ESG 트렌드 2030

-의료기관이 살아남기 위한 필수 코드-

ESG 트렌드 2030

-의료기관이 살아남기 위한 필수 코드-

최 미 선

나래출판사

Narae Publishing, Inc.

SK V1 Tower 1507
Younmujang 5 gagil 25, Sungdong-gu
Seoul 04782, Korea
TEL: +82-2-922-7080
FAX: +82-2-922-0841
E-mail: nrpub@naver.com
Website: www.nrbooks.kr

ESG 트렌드 2030
-의료기관이 살아남기 위한 필수 코드-

발행일 2025년 5월 5일
저자 최미선
발행인 최용원
편집디자인 장순임
표지디자인 장순임
교정·교열 염정혜
발행처 **나래출판사** (등록 제2012-000051호/1994.6.10)
주소 서울시 성동구 연무장 5가길 25, 성수역 SK V1 Tower 1507호
전화 (02) 922-7080
팩스 (02) 922-0841
이메일 nrpub@naver.com
홈페이지 www.nrbooks.kr

ISBN 979-11-7133-166-6

정가 22,000원

Printed in Korea

추천의 글

"ESG 트렌드 2030"은 현대 의료기관 운영에 필수적인 ESG를 심도 있게 다룬 탁월한 저서이다. 저자의 풍부한 경험을 바탕으로 제시된 생생한 사례들은 ESG가 의료계의 중요한 과제임을 명확히 보여준다.

이 책은 단순한 가이드북을 넘어 COVID-19 이후 급변하는 의료 환경에서 감염관리, 환경보호, 사회적 책임의 균형을 정확히 진단하였다. 더불어 의료진 안전, 환자 권리, 지역 사회 상생 등 복합적인 과제에 대한 통합적 해결책을 제시하였다.

의료계 종사자, 보건의료정책 담당자, 병원경영 관계자 모두에게 이 책을 강력히 추천한다. 앞으로 다가올 의료계의 변화를 준비하는 데 더없이 좋은 나침반 역할을 할 것이다.

지속 가능한 경영을 모색하는 모든 리더에게 이 책은 필독서이다. 병원의 미래를 위해 이 책에서 제시하는 실천적 지침들을 적극 활용하시기를 권한다.

홍승모 (가톨릭대학교 인천성모병원 병원장)

그녀는 인천성모병원의 '홍반장'이다. 언제 어디에서 무슨 일이 생기면 달려가서 해결한다. 난 항상 그녀의 관심사는 어디까지인지 생각했다. 결국 그녀는 의료관련감염관리의 새로운 패러다임으로 ESG를 제시하는 책까지 내고야 말았다.

환자안전·의료 질 향상 부서인 PI(Performance Improvement)실 팀장과 감염관리팀장으로 현장에서 일하면서 느끼는 바를 ESG 도입에 실제적으로 적용할 수 있도록 고민한 결과다.

그녀의 다음 행적이 벌써부터 궁금해진다.

김윤정 (가톨릭대학교 인천성모병원 감염내과 교수, 감염관리실장, 대한의료관련감염관리학회 총무이사)

신종감염병 대응 과정에서 수많은 일회용품과 소독제가 사용되는 현실을 마주할 때마다, 환경오염 문제는 의료기관에서도 더 이상 외면할 수 없는 과제라는 것을 절감했다. 그러나 이를 해결하기 위한 뚜렷한 대안을 찾는 일은 쉽지 않다. ESG(환경, 사회, 지배구조)는 이러한 딜레마 속에서 지속 가능한 의료의 방향성을 제시하고 있다.

이 책의 저자는 제가 근무하는 지역에서 오랫동안 감염관리 전문가로 활동하며 많은 의료기관에 깊은 영향을 끼친 분으로, 그 경험과 통찰이 책 전반에 잘 담겨 있다. 의료 현장에서 ESG를 실현하고자 고민하는 모든 분들에게 이 책을 강력히 추천한다.

김진용 (인천광역시의료원 감염내과 교수, 감염관리실장, 유퀴즈 61차 출연)

추천의 글

ESG는 조직의 지속 가능성과 장기적인 경쟁력을 위한 경영 및 관리의 중요한 요소이자 패러다임으로 자리 잡고 있다. 이러한 흐름에서 의료기관도 예외일 수 없다. 특히 의료기관은 공공성과 윤리적 책임이 높은 조직으로 ESG 경영을 통해 환경을 보호함은 물론, 환자 및 직원의 안전과 존중, 지역 사회와의 협력, 투명한 거버넌스 등 다양한 가치를 추구해야 한다.

이 책은 의료기관에서 ESG를 효과적으로 도입하고 실행하는 데 있어 구체적이고 실질적인 사례를 제시하고 있다. 저자는 오랜 기간 의료기관에 종사하며 현장에서 경험하고 느낀 것, 특히 감염관리 분야에서 ESG 관점을 통합하는 방법을 여러 국내·외 의료기관 사례를 통해 소개하고 있다.

저자의 지식과 경험 그리고 열정이 담긴 이 책이 의료기관의 지속 가능한 발전과 성장에 크게 이바지할 것이라 확신한다. 아울러 의료기관 종사자뿐만 아니라 ESG 경영에 관심 있는 모든 독자에게 유익한 통찰을 제공하여, 의료기관과 우리 사회가 더 나은 사회적 책임을 실현하고 지속 가능한 가치를 창출할 수 있기를 기대해 본다.

김민석 (경기도사회적경제원 사업본부장, 경영학박사)

환경과 사회가 중요한 요즘, 의료계도 새로운 변화가 필요한 때이다. 이 책은 복잡해 보이는 ESG를 의료 현장의 관점에서 쉽고 명확하게 설명했다. 제가 이 책을 읽으며 가장 공감했던 부분은 감염관리와 환경 보호를 함께 다룬 점이다. COVID-19를 겪으며 우리는 감염관리가 얼마나 중요한지 알게 됐지만, 동시에 늘어나는 의료 폐기물 문제도 심각해졌다. 이 책은 이런 현실적인 고민들에 대한 구체적인 해결책을 제시하고 있다.

오랜 기간 감염관리 현장을 이끌어온 저자의 경험이 책 곳곳에 녹아 있어, 실제 병원에서 적용할 수 있는 유용한 조언들이 가득하다. 국내·외 병원들의 다양한 성공 사례들은 우리도 할 수 있다는 자신감을 주고 있다. 앞으로의 의료계가 어떻게 변화할지 궁금하신 분들, 특히 의료 현장에서 일하시는 분들께 일독을 권한다. 미래 의료의 방향을 제시하는 든든한 길잡이가 될 것이다.

김동석 (한국교육전문강사협회 회장)

저자 약력 및 프로필

<< **최미선**

✧ **가톨릭대학교 인천성모병원 감염관리팀장** ✧

✧ **감염관리실무전문가** ✧

✧ **가톨릭대학교 임상간호대학원 외래교수** ✧

✧ **ESG 인플루언서** ✧

✧ **그린플루언서** ✧

상급종합병원 34년차 간호사로 2016년부터 감염관리 업무를 담당하며 지난 4년간 COVID-19 컨트롤타워를 담당하였다. COVID-19 대응 과정에서 일회용 의료기구 사용 증가가 감염 위험을 줄이는 데 필수적이었으나, 동시에 기후 위기를 악화시키고 신종감염병 발생으로 이어질 수 있다는 깨달음을 얻었다. 이러한 통찰은 감염관리의 전통적 경계를 넘어 ESG에 대한 깊은 고민으로 이어졌으며 감염관리의 목적이 단순히 질병을 예방하고 통제하는 데 그치는 것이 아니라, 환경 보호와 사회적 책임을 적극적으로 수용해야 한다는 인식을 갖게 되었다.

의료기관의 감염관리 체계에 ESG 원칙을 통합하여 지속 가능하고 사회적으로 책임 있는 운영을 가능하게 하는 방안을 제시하며 간호사로서의 직업적 소명과 윤리적 책임을 실현하는 방식에 대한 새로운 이해를 제공하였다. 또한 의료기관이 환경적으로 지속 가능하며 사회적으로 책임 있는 기관으로 발전해가는 데 기여할 수 있는 실제적인 방법들을 선보였다. 이는 결과적으로 의료계가 미래 세대에게 지속 가능한 환경을 제공하는 데 중요한 초석이 될 것이다.

머리말

"의료계를 휩쓴 ESG, 새로운 바람이 불다"

의료계는 지금 새로운 도전에 직면해 있다. COVID-19 팬데믹은 감염관리의 중요성을 다시 한번 환기시키는 계기가 되었을 뿐만 아니라, 현대 의료 환경이 직면한 문제들의 복잡성을 더욱 선명하게 드러냈다. 팬데믹 대응 과정에서 일회용 의료기구 사용이 급증하며 단기적으로 감염 위험을 줄일 수 있었지만, 장기적으로는 환경에 심각한 부담을 주며 기후 위기를 가속화하는 요인이 되고 있다. 이는 다시 새로운 감염병 출현 가능성을 높이는 악순환으로 이어지고 있다.

최근 몇 년간 빈번하게 발생한 자연재해와 감염병 확산은 서로 긴밀하게 연결되어 있으며, 하나의 문제가 또 다른 문제를 악화시키는 연쇄 반응을 일으킬 수 있다. 기후 변화는 홍수, 폭염, 대기 오염 등의 환경적 위기를 초래하고, 이는 감염병 확산을 가속화하는 요인이 된다. 글로벌 위기가 복합적으로 얽혀 있는 이 시대에 의료기관은 단순한 치료 제공을 넘어 사회적 책임을 실천하며, 기후 위기 대응에도 적극적으로 나서야 한다. 공공의료가 기후 회복력을 갖추고, 지역 사회와 협력하여 기후 취약 계층을 보호하는 것은 지속 가능한 의료를 위한 핵심 요소가 된다.

지속 가능한 의료는 환경, 사회, 경제적 측면에서 균형을 이루어야 한다. 의료기관이 ESG(환경, 사회, 지배구조) 원칙을 적용하면 보다 건강하고 지속 가능한 미래를 만들어갈 수 있다. 이는 단순히 사회적 책임을 수행하는 것을 넘어, 의료기관의 운영 원칙과 직결되는 필수적인 요소가 되어야 한다. 또한 감염관리의 패러다임도 변화해야 한다. ESG는 이러한 변화의 중심에 있으며, 감염 예방과 환경 보호 사이에서 균형을 찾는 것이 중요한 과제가 될 것이다.

prolog

의료기관은 본질적으로 사회적 가치를 실현하는 조직으로, 이미 높은 수준의 사회적 책임을 수행하고 있다. 의료법에 따라 정보 공개와 투명성을 유지하는 것 또한 ESG 기준을 충족하는 중요한 요소가 된다. 그러나 의료기관의 최우선 목표는 환자의 생명을 보호하는 것이므로, 현실적으로 환경 문제는 후순위로 밀려날 가능성이 크다. 따라서 의료기관의 특수성을 고려한 ESG 접근이 필요하며, 이를 통해 감염 예방과 지속 가능성을 조화롭게 실현해야 한다.

이 책은 필자가 상급종합병원의 감염관리팀장으로 근무하며 쌓아온 경험과 통찰을 바탕으로, ESG 원칙을 의료기관, 특히 감염관리 분야에 어떻게 적용할 수 있는지를 모색한 결과이다. 또한 의료진의 안전과 복지, 환자 권리 보호, 의료기관의 투명하고 윤리적인 운영 등 ESG가 의료 분야 전반에 미치는 영향을 다각도로 탐색한 것이다. 더불어 국내·외 의료기관의 ESG 도입 사례를 분석하고, 의료기관이 나아가야 할 미래 지향적인 ESG 전략을 제시함으로써 지속 가능한 발전을 위한 방향을 모색하고자 한다.

이제 의료계는 단순한 치료를 넘어 예방으로, 개인의 건강을 넘어 사회와 환경의 건강까지 고려해야 하는 시대를 맞이하고 있다. ESG는 이러한 확장된 책임을 실현하기 위한 핵심 전략이 될 것이다. 이 책이 의료계의 새로운 패러다임을 열어가는 데 기여하기를 바라며, 보다 건강하고 지속 가능한 의료 환경을 구축하는 데 도움이 되기를 희망한다.

이 책을 출간하는 과정에서 많은 분의 도움과 지지가 있었다. 먼저, 이 책이 세상에 나올 수 있도록 아낌없는 지원을 해주신 대한나래출판사 최용원 대표님, 기획을 맡아주신 이상훈 차장님, 편집을 맡아주신 염정혜 팀장님과 임직원들께 깊은 감사를 드린다. 또한 언제나 저의 든든한 지원군이 되어준 남편 김홍관 씨, 사랑하는 두 딸 보경이와 은영이에게도 고마운 마음을 전한다.

머리말

ESG를 공부하는 과정에서 큰 도움을 주신 MKYU 김미경 학장님, 경기도사회적경제원 김민석 사업본부장님, 한국교육전문강사협회 김동석 회장님께 감사의 인사를 전한다. 무엇보다도, 코로나19 팬데믹이라는 전례 없는 위기 속에서도 헌신적으로 환자를 돌보며 위기 극복에 앞장선 가톨릭대학교 인천성모병원 모든 교직원들과, 지속 가능한 감염관리 실천을 위해 끊임없이 노력하고 있는 전국의 의료기관 종사자들께 깊은 존경과 감사의 마음을 전한다. 어려운 시기에도 병원의 지속 가능성을 고민하고 ESG 경영을 위한 방향을 모색해주신 경영진과 감염관리실장님께도 깊은 감사의 뜻을 전한다.

이 책이 의료기관 관계자들에게 ESG에 대한 새로운 시각을 제공하고, 실천 가능한 대안을 모색하는 데 도움이 되기를 기대한다.

2025년 4월

최 미 선

목 차

목 차

contents

제3장 감염관리와 ESG의 완벽한 만남

목 차

주요 용어

- **가심비(價心比):** 물건이나 서비스를 소비할 때 얻는 정신적, 감성적 만족을 중요시하는 소비 기준. 이는 단순히 가격 대비 성능을 평가하는 가성비와 달리, 제품이나 서비스가 제공하는 감정적 가치를 중시하며, 보다 개성적이고 개인적인 만족을 중요시하는 소비 경향을 나타냄
- **감염병(infectious disease):** 감염병은 세균, 바이러스, 곰팡이 등의 병원체가 인체에 침입하여 발생하는 질병으로, 감염은 병원체가 사람의 피부나 점막, 체액 등에 정착해서 개체수를 늘려가는 과정을 의미. 말라리아, 파상풍, 식중독 등
- **공급망:** 최초 원료 채취에서부터 제조, 운송, 판매, 사용, 회수, 폐기까지 제품 라이프사이클 전반에 걸친 모든 범위를 포함
- **그린슈머(greensumer):** 'Green'과 'consumer'의 합성어. 환경을 고려하여 소비하는 사람들
- **그린워싱(greenwashing):** 환경에 초점을 맞춘 개념으로, 기업이 실제보다 더 친환경적인 것처럼 보이려는 행위
- **기후 변화(climate change):** '지구온난화'를 포함하면서 범지구적, 세계적 규모의 기후 시스템 또는 지역적 기후가 시간의 흐름에 따라 최소 수십 년 이상 점진적으로 변화하는 것
- **기후 위기:** 지구온난화에 의해 발생하는 광범위한 결과들까지 포함, 이것은 해수면 상승, 산악빙하의 축소, 식물의 개화 시기 변화 등을 초래하여 온실가스 감축이 필요한 상태 포함
- **기후회복력(climate resilience):** 기후 변화 위험에 대한 예상, 충격의 흡수, 지속 가능한 상태로의 변형 등 선순환구조를 만드는 역량
- **넷제로(Net-Zero, 탄소중립):** 대기 중 온실가스 농도가 인간 활동에 의해 더 증가되지 않도록 배출량(+)과 흡수량(−)을 같게 만드는 개념. 0이 되도록 하는 것. 온실가스 전체의 균형을 말하므로 탄소중립보다 더 포괄적인 개념
- **돈쭐내기:** '돈'과 '혼쭐내다'의 합성어, 반어법적 의미. 사회적으로 바람직한 행동을 한 사람이나 기업의 제품을 적극적으로 구매하여 지지를 표현하는 행위
- **미닝아웃(meaning out):** 'Meaning(의미)'과 'coming out(표명하다)'의 합성어. 자신의 가치관과 신념을 소비를 통해 표현
- **스튜어드십 코드(stewardship code):** 기관투자자들의 의결권 행사를 적극적으로 유도하기 위한 자율 지침. 기관투자자들이 투자 기업의 의사결정에 적극 참여해 주주와 기업의 이익 추구, 성장, 투명한 경영 등을 이끌어 내는 것이 목적
- **온실가스:** 지구의 대기 중에서 적외선 복사열을 흡수하거나 반사하여 지구 표면의 온도를 상승시

주요 용어

키는 역할을 하는 기체. 이러한 기체들은 자연적으로 발생할 수 있으며, 인위적인 활동에 의해 생성되기도 함. 기후 변화의 주요 원인이며, 그 영향을 줄이기 위한 세계적인 노력 필요. 이산화탄소, 메탄, 아산화질소, 수소불화탄소, 과불화탄소, 육불화황

- **이니셔티브(initiative):** 일상적인 과업을 말하는 것이 아니라 미션·비전과 같은 방향성을 가지고 기존과 다른 특별한 과제 또는 프로젝트를 추진하는 것, 각 산업계에 속한 글로벌 기업들의 행동 강령이나 가이드 형태의 자율 규범 같은 것
- **이해관계자:** 임직원, 고객, 협력회사, 지역 사회
- **전염병(contagious disease):** 감염병의 일종으로, 사람과 사람 사이에 직·간접적으로 전파되는 질병. 전염은 감염된 사람이 병원체를 다른 사람에게 옮기는 것을 의미. COVID-19, 독감(influenza), 홍역(measles) 등
- **지구온난화:** 지구의 장기적인 온도 상승
- **지구온난화지수(Global Warming Potential; GWP):** 이산화탄소가 지구온난화에 미치는 영향을 기준으로 다른 온실가스가 지구온난화에 기여하는 정도를 나타낸 것
- **지속 가능성:** 현재 세대의 필요를 충족시키기 위하여 미래 세대가 사용할 경제·사회·환경 등의 자원을 낭비하거나 여건을 저하시키지 아니하고 이들이 서로 조화와 균형을 이루는 것
- **탄소발자국(carbon footprint):** 이산화탄소와 같이 단체와 개인이 직·간접적으로 발생시키는 온실가스 물질의 총량
- **환경발자국:** 생태발자국, 탄소발자국, 물발자국 등 인간이 살아가며 지구에 미치는 영향을 계량화한 것으로 환경개선을 유도하고자 만든 수치
- **AHRQ:** Agency for Healthcare Research and Quality, 미국 보건의료연구 및 품질관리국
- **AI:** Artificial Intelligence, 인공지능
- **CDP:** Carbon Disclosure Project, 탄소정보공개프로젝트
- **CSDDD:** Corporate Sustainability Due Diligence Directive, 기업 지속 가능성 실사 지침
- **CSR:** Corporate Social Responsibility, 기업의 사회적 책임
- **CSV:** Creating Shared Value, 공유가치 창출
- **ESG:** 환경(Environmental), 사회(Social), 지배구조(Governance)
- **ESG 워싱(ESG washing):** 넓은 개념으로 환경, 사회, 지배구조 전반에 걸쳐 기업이 실제보다 ESG 성과가 우수한 것처럼 보이려는 행위 포함

main terminology

- **EU:** European Union, 유럽연합
- **FTSE Russell:** Financial Times Stock Exchange Russell, 영국 파이낸셜타임스와 런던증권거래소가 공동 설립한 기업에서 발표하는 지수. FTSE4Good 지수를 통해 ESG 성과가 우수한 기업들을 선별하고, 지속 가능한 비즈니스 관행을 촉진하기 위한 기준
- **GRI:** Global Reporting Initiative, 글로벌 보고 이니셔티브
- **HCWH:** Health Care Without Harm, 환경상·건강상 해를 최소화할 수 있도록 돕는 비영리 단체
- **ISO:** International Organization for Standardization, 국제표준화기구
- **KCGS:** Korea Corporate Governance and Sustainability, 한국기업지배구조원. 기업의 지속 가능성에 대한 평가, 연구, 조사를 수행하는 단체로, 2022년 9월 한국ESG기준원으로 개칭
- **KIS:** Korea Investors Service, 한국신용평가
- **KMR:** Korea Management Registrar Inc., 한국경영인증원, 제3자 인증기관
- **KPI:** Key Performance Indicator, 핵심 성과지표
- **KSA:** Korean Standards Association, 한국표준협회
- **MDGs:** Millennium Development Goals, 새천년개발목표
- **MSCI ESG Research:** Morgan Stanley Capital International Index ESG Research, 글로벌 기업들의 ESG 성과를 평가하는 기관
- **MZ 세대:** M 세대(Millennials, 최초의 글로벌 세대이자 인터넷 시대에 성장한 첫 세대)와 Z 세대(Generation Z, 어릴 때부터 인터넷과 휴대용 디지털 기술에 접근하여 성장한 최초의 사회 세대)를 묶어 부르는 표현. 2020년대 초 언론을 통해 유행하게 된 대한민국의 신조어로, 1980~2010년 사이 출생한 사람으로 정의
- **NGO:** Non-Governmental Organization, 비정부 간 국제기구, 비정부기구 또는 비정부조직. 어떠한 종류의 정부도 간섭하지 않고 시민 개개인 또는 민간단체들에 의해 조직되는 단체로 민간단체라고도 함. 비정부기구는 그들의 목표에 맞게 관리, 공공 정책, 사회, 인권, 환경 등의 분야에 영향을 미치기도 함
- **OECD:** Organization for Economic Co-operation and Development, 경제협력개발기구
- **P4G:** Partnering for Green Growth and the Global Goals 2030, 녹색 성장과 글로벌 목표 2030을 위한 파트너십. 2018년에 시작된 새로운 이니셔티브, SDG와 파리 기후 협정을 이행하기 위해 규모에 맞는 구체적인 공공-민간 파트너십을 개발하는 세계 최고의 포럼

주요 용어

- **RBA:** Responsible Business Alliance, 책임 있는 기업 연합
- **RE100:** Renewable Electricity 100%. 기업이 사용하는 전력의 100%를 재생에너지로 조달하겠다는 자발적인 약속
- **SASB:** Sustainability Accounting Standards Board, 지속 가능성 회계 기준 위원회
- **SDGs:** Sustainable Development Goals, 지속가능발전목표
- **SNS:** Social Networking Service, 소셜 네트워크 서비스
- **Sustainalytics:** ESG 연구 및 데이터 분야의 글로벌 리더로 ESG 및 기업 거버넌스 연구, 평가 및 분석 회사
- **TCFD:** Task Force on Climate-related Financial Disclosures, 기후 관련 재무정보 공개 협의체
- **UN:** United Nations. 국제 협력을 증진하고 세계평화를 유지하기 위한 목적으로 설립된 국제기구로, 인류 역사상 가장 큰 규모의 국가 간 연합체이자 가장 많은 국가가 모이는 다자 회의 기구
- **UNEP:** UN Environmental Program, 유엔환경계획
- **UNEP FI:** UN Environmental Program Financial Initiative, 유엔환경계획 금융 이니셔티브
- **UNGC:** UN Global Compact, 유엔 글로벌 콤팩트
- **UNGP:** UN Guiding Principles on Business and Human Right, 유엔의 기업과 인권에 관한 지침 원칙
- **UN PRI:** UN Principles for Responsible Investment, 유엔 책임투자원칙
- **WCED:** World Commission on Environment and Development, 세계환경개발위원회
- **WEF:** World Economic Forum, 세계경제포럼(다보스 포럼)

제 1 장

알쏭달쏭한 세 글자, ESG의 숨겨진 비밀을 밝혀라!

ESG의 정체를 밝히다

환경, 사회, 지배구조가 왜 중요한가?

ESG는 환경(Environmental), 사회(Social), 지배구조(Governance)의 약자로 환경경영, 사회적 책임, 건전하고 투명한 지배구조에 초점을 둔 지속 가능성(sustainability)을 달성하기 위한 기업 경영의 세 가지 핵심 요소이다.

그리고 '지속 가능성'이란 '현재 세대의 필요를 충족시키기 위하여 미래 세대가 사용할 경제·사회·환경 등의 자원을 낭비하거나 여건을 저하시키지 아니하고 이들이 서로 조화와 균형을 이루는 것'이라고 2022년 1월 4일 제정된 '지속가능발전 기본법' 제2조에 정의되어 있다.

지속 가능한 기업에는 조직의 재무적 성과뿐만 아니라 ESG(Environmental, Social, Governance)와 같은 비재무적 성과도 그 우수성 평가에 중요한 역할을 한다.

과거에는 투자 대비 수익을 중심으로 한 재무적 지표가 기업 평가의 주요 기준이었다. 최근에는 사회적 책임의 중요성이 커지면서, 비재무적인 지표가 중요한 평가 요소로 부상하고 있다. 기업의 사회적 책임에 대한 담론이 형성되며, 투자자와 소비자들도 기업을 평가함에 있어 재무적 가치가 아닌 비재무적 가치를 중시하고 있다(그림 1-1).

ESG의 'E'는 환경적 책임을 나타내며, 기업의 경영활동 과정에서 발생하는 환경 영향 전반을 포괄하는 요소들이 포함된다. 최근 기후 변화와 관련된 탄소중립, 재생에너지 사용 등이 중요한 요소로 부각되었다.

그림 1-1. 기업의 가치평가 기준: 재무적 가치와 비재무적 가치

ESG의 'S'는 사회적 책임을 의미하며, 임직원, 고객, 협력회사, 지역 사회 등 다양한 이해관계자에 대한 기업의 권리와 의무, 책임 등의 요소가 포함된다. 인권, 안전·보건 등에 대한 이슈가 화두로 되고 있다.

ESG의 'G'는 지배구조를 나타내며, 회사의 경영진과 이사회, 주주 및 회사의 다양한 이해관계자의 권리와 책임에 대한 영역으로 이사회의 다양성, 임원 급여, 윤리경영 및 감사기구 등이 강조된다(그림 1-2).

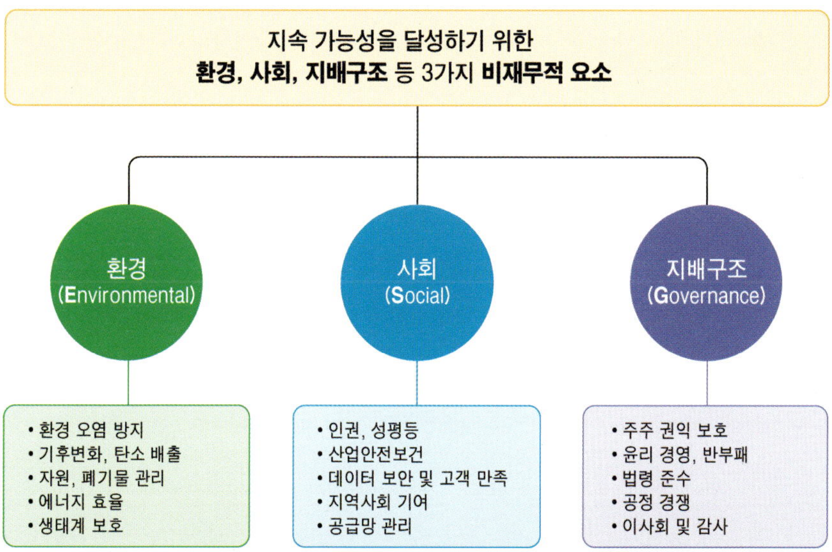

그림 1-2. ESG의 구성 요소와 개념 (출처: 중소벤처기업부, 중소벤처기업진흥공단)

역사의 한 페이지
– ESG가 글로벌 무대에서 어떻게 진화했는가?

ESG는 오늘날 기업과 조직들이 경영 전략을 수립할 때 중심에 두는 주제이다. 그리고 ESG가 오늘날 주목받는 이유는 갑작스러운 변화가 아니라, 수십 년에 걸친 발전과 인식의 변화를 통해 점진적으로 이루어졌다.

2000년대 초반에 ESG 개념이 본격적으로 사용되기 시작했지만, 유사한 움직임은 1970년대부터 시작되었다. 1972년 로마클럽의 '성장의 한계(The Limits to Growth)' 보고서에서 인구, 환경, 자원, 식량 문제를 지적하며 성장 정체의 위기를 주장하였다. 1987년 유엔을 중심으로 지속 가능한 발전에 대한 논의가 대두되며, 이후 새천년개발목표(MDGs)와 지속가능발전목표(SDGs) 등이 제시되었다(표 1-1).

표 1-1. 새천년개발목표(MDGs) 대 지속가능발전목표(SDGs)

구분	MDGs(2001–2015)	SDGs(2016–2030)
구성	8개 목표+21개 세부목표	17개 목표+169개 세부목표
대상	개발도상국	[보편성] 개발도상국 중심이나 선진국도 대상
분야	빈곤·의료·교육 등 사회 분야 중심	[변혁성] 경제성장, 기후 변화 등 경제·사회·환경 통합 고려
참여	정부 중심	[포용성] 정부, 시민사회, 민간기업 등 모든 이해관계자 참여

(출처: 외교부)

밀레니엄 개발 목표인 새천년개발목표(Millennium Development Goals; MDGs)는 UN에서 2000년에 채택된 의제로, 2015년까지 세계의 빈곤을 반으로 줄인다는 내용을 담고 있다(그림 1-3).

글로벌 목표로도 알려진 지속가능발전목표(Sustainable Development Goals; SDGs)는 전 세계 빈곤을 종식시키고 지구를 보호하며, 2030년까지 모든 사람이 평화와 번영을 누릴 수 있도록 보장하기 위한 목표로 2015년 UN에 의해 채택되었다(그림 1-4).

그림 1-3. 새천년개발목표(Millennium Development Goals; MDGs) (출처: MDGMONITOR 홈페이지)

그림 1-4. 지속가능발전목표(Sustainable Development Goals; SDGs) (출처: 유엔글로벌콤팩트 홈페이지)

ESG 개념의 뿌리는 1987년에 발표된 브룬트란트 보고서, 즉 '우리 공동의 미래'로 거슬러 올라간다. 이 보고서에서 '지속 가능한 발전'이라는 용어가 처음 사용되었는데 이는 환경, 사회, 경제적 요소를 고려하여 미래 세대의 필요를 해치지 않으면서 현재 세대의 요구를 충족시키는 발전을 의미하였다. 이 개념은 나중에 ESG의 토대가 되었다.

1990년대에 들어서면서, 투자자들 사이에서 기업의 사회적 책임(Corporate Social

Responsibility; CSR)에 대한 관심이 증가하였다. 이는 기업들이 단순히 이익 창출뿐 아니라, 환경 보호, 사회적 기여, 윤리적 경영 등을 통해 긍정적인 사회적 영향을 미칠 수 있다는 인식이 확산되었기 때문이다. 이러한 변화는 지속 가능한 투자와 ESG 투자로 이어졌다.

2006년에는 '유엔 책임투자원칙[UN PRI(Principles for Responsible Investment)]'이 도입되었고, 투자자들이 ESG 요소를 고려하도록 독려하는 주요 원칙으로 자리 잡았다. 이 원칙은 글로벌 투자자들 사이에서 널리 채택되었다.

투자자들과 규제 기관이 ESG 요소를 중요시하면서, 다양한 ESG 평가 도구와 지표들이 개발되었다. 이러한 도구들은 기업들이 ESG 성과를 측정하고, 이를 기반으로 전략을 개선하며, 투자자와 이해관계자들에게 투명하게 정보를 제공하는 데 도움이 된다.

오늘날 ESG는 전 세계 기업들과 투자자들에게 필수 요소가 되었다. 기후 변화, 사회적 불평등, 지배구조의 실패 등 글로벌 문제들이 부각됨에 따라, ESG는 더욱 중요해지고 있다. 또한 기업들은 ESG를 통해 위기 대응력을 강화하고, 지속 가능한 성장을 도모할 수 있다고 믿는다(표 1-2).

시대의 트렌드를 좇다

– 왜 지금이 ESG의 시대인가?

"왜 지금 ESG인가?" 이 질문은 현대의 글로벌 비즈니스 환경에서 특히 중요하다. ESG의 중요성이 시간이 지날수록 더욱 강조되며, 이제는 기업 경영의 핵심 요소로 자리 잡았기 때문이다.

지구 온난화와 생태계 파괴는 인류 생존에 직접적인 위협이 되었다. 기업들은 이러한 환경 문제에 적극적으로 대응하기 위해 탄소 배출을 줄이고 지속 가능한 자원 사용을 강조하는 환경 보호 정책을 채택하고 있다. 이러한 환경적 책임은 기업의 브랜드 가치를 높이고, 규제 위험을 감소시키며, 투자자와 소비자의 신뢰를 증진시킨다.

사회적 정의, 다양성, 포용성, 노동 조건, 소비자 보호에 대한 관심이 증가하고 있다. 기업들은 이러한 관심에 따르는 사회적 기대에 부응하려 노력 중인데, 이는 브랜드 충성도와

표 1-2. ESG의 태동과 확대

연도	활동	내용
1972	로마클럽*, '성장의 한계' 보고서 발간	인구, 환경, 자원, 식량 문제 지적
1987	UNEP(UN Environmental Program, 유엔환경계획) · WCED(World Commission on Environment and Development, 세계환경개발위원회), '우리 공동의 미래'** 보고서 발간	지속가능발전을 미래 해법으로 제시
2000	UN, '새천년개발목표' 채택	빈곤타파를 위한 범세계적 의제로 8대 실행목표 제시 ① 빈곤과 기아 퇴치, ② 교육 개선, ③ 남녀평등, ④ 유아 사망 감소, ⑤ 임산부 건강 개선, ⑥ 에이즈·말라리아 등 질병 퇴치, ⑦ 환경 보호, ⑧ 전 세계적 협력 구축
2003	UNEP FI(UN Environmental Program Financial Initiative, 유엔환경계획 금융 이니셔티브)	'ESG' 개념 처음 사용
2004	UNGC(UN Global Compact, 유엔글로벌콤팩트), 'Who Cares Wins' 보고서 발간	환경, 사회, 지배구조의 투자 연계 방안을 담은 보고서에서 'ESG' 용어 공식 사용
2006	UN PRI(책임투자원칙) 제정	국제 협약에 기반, 기업 투자자를 대상으로 ESG 사안을 고려한 투자 원칙 발표
2015	UN, '지속가능발전목표' 채택	새천년개발목표의 후속 목표로, 사회적 불평등 완화, 이행 수단을 포함하여 17개 목표로 발전
2017	TCFD(기후 관련 재무정보 공개 협의체) 권고안 발표	기후 변화 관련 리스크와 기회요인, 이에 따른 재무정보 공개 권고안 제시
2020	WEF(세계경제포럼), 이해관계자 자본주의 핵심의제 논의	세계경제포럼에서 지속 가능성 의제를 논의, 이해관계자 자본주의 측정을 위한 가이드라인 제시
2021	한국 정부, 인프라 확충 방안 발표	한국 정부는 ESG 확산을 경제 대전환 전략으로 활용하고, 시장 부담 완화를 위해 ESG 관련 인프라 확충

* 로마클럽: 유럽의 학자와 기업가, 정치인 등이 참여해 인류와 지구의 미래에 대해 연구하는 비영리기관

** 우리 공동의 미래: 당시 세계환경개발위원회 위원장이었던 노르웨이 수상의 이름을 따 브룬트란트 보고서(Brundtland Report)라고도 함

(출처: 중소벤처기업부, 중소벤처기업진흥공단)

시장 점유율을 높이는 데 기여한다. 또한 사회적 책임을 다하는 기업은 우수 인재를 유치하고 유지하는 데 유리하다.

효과적인 지배구조는 기업의 운영 투명성을 보장하여, 부패와 비윤리적 행위를 방지한다. 투명한 지배구조를 갖춘 기업은 위험관리가 우수하며, 투자자와 규제기관으로부터 높은 평가를 받는다. 지속 가능한 투자에 대한 투자자의 관심이 높아지고 있다. ESG 기준을 충족하는 기업에 대한 투자가 증가하고 있으며, 투자자들은 장기적인 수익성과 위험관리 능력을 평가할 때 ESG 성과를 중요한 기준으로 활용하고 있다.

많은 국가에서 ESG 관련 규제와 법률이 도입되고 있다. 유럽연합(EU) 등은 ESG 공시를 의무화하고 지속 가능한 금융 제품의 투명성을 강화하는 등의 조치를 취하고 있다. 이러한 규제는 기업에게 ESG 목표를 설정하고 이행하도록 강제한다. 소비자들은 점차 환경적, 사회적 책임을 지니는 제품과 서비스를 선호하게 되었다. 이에 따라 기업들은 소비자의 요구를 반영하여 지속 가능한 제품을 개발하고 마케팅 전략에 ESG 요소를 통합하고 있다.

2020년 세계경제포럼(World Economic Forum; WEF)인 다보스포럼에서 '화합하고 지속 가능한 세계를 위한 이해관계자들'을 중요 의제로 설정하였다. 또한 미국 정부의 친환경 정책과 조 바이든(Joe Biden) 대통령, 블랙록(BlackRock), COVID-19의 영향으로 ESG가 중요한 이슈로 부상하였다.

바이든 대통령의 환경 정책 공약에 따른 파리기후협약 재가입으로 청정에너지 투자 확대와 탄소 배출 규제가 강화되었다. 세계 최대 자산운용사인 블랙록 CEO 래리 핑크(Larry Fink) 회장은 투자기업 CEO들에게 보내는 2020년 연례 서한(Larry Fink's 2020 letter to CEOs)에서 지속 가능성을 핵심 투자 기준으로 삼고 ESG를 적극적으로 투자에 적용하겠다고 선언하였다. 2021년 연례 서한에서는 "2050년 Net-Zero(넷제로, 탄소중립) 목표의 달성에 부합하는 사업계획을 공개해 달라."고 공식 요구하며 투자 의결권 행사를 통해 기업의 ESG 경영에 직접 영향력을 발휘하겠다는 의지를 담았다(그림 1-5).

COVID-19로 인한 사회 양극화와 기후 위기의 심각성 인식 증가로 인해 글로벌 ESG 논의가 더욱 가속화되었다. 특히 감염병과 기후 변화 위험이 일정 수준을 초과하면서 사회·경제적 비용이 기하급수적으로 증가하며 경제 전반에 지대한 영향을 미쳤다.

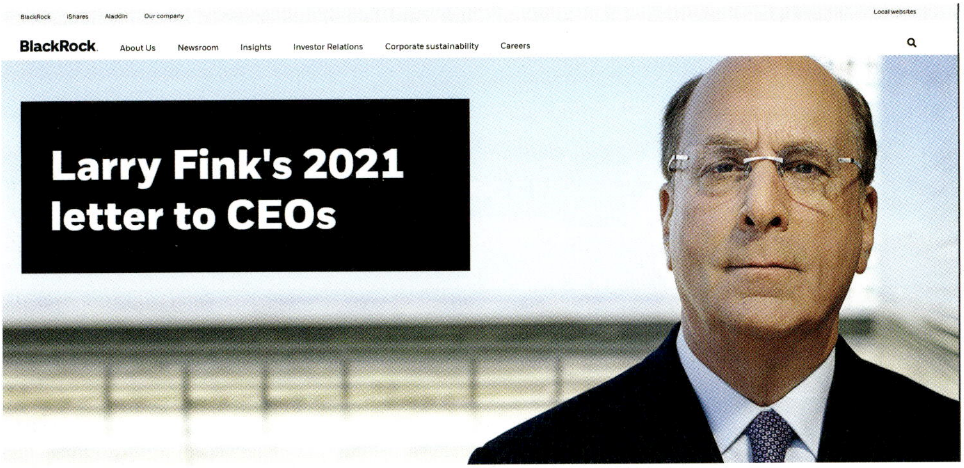

그림 1-5. Larry Fink's 2021 letter to CEOs (출처: BlackRock사 홈페이지)

전 세계 기업들은 이제 ESG 경영을 실천할 수밖에 없게 되었으며, 이는 전 세계 기업들의 최대 이슈로 부상하였다. ESG는 단순한 자선 활동이나 긍정적 이미지 형성을 넘어서, 기업의 장기적인 성공과 지속 가능한 발전을 위한 요소로 자리 잡았다.

현재 우리나라는 대기업(LG, 삼성, SK 등)을 주축으로 ESG 위원회가 구성되어 전략적인 움직임을 만들어내고 있다. 산업통상자원부는 우리나라 정세에 특화된 K-ESG를 배포하여 더 체계화된 이행을 지원하고 있으며, 금융위원회는 2025년부터 유가증권시장 상장사의 ESG 공시를 의무화할 것이라고 발표했다.

비슷하지만 다른 길, ESG & CSR & CSV
- 이들의 차이점은?

ESG는 기업의 사회적 책임을 가장 구체적으로 정의하며, 투자자 및 외부 이해관계자의 요구에 대응하여 기업 경영에서 ESG 요소를 중요하게 고려함으로써 지속 가능한 발전을 목표로 한다. 투자자의 관점에서 바라보며, ESG 등급을 통해 수치화되어 투자 참고 자료로 활용된다.

CSR(Corporate Social Responsibility)은 기업의 사회적 책임을 강조하여 이윤을 사

회에 환원해야 하는 의무가 있음을 나타낸다. 자선 활동, 기부, 환경 보호 등을 통한 기업의 사회 공헌을 강조하며, 기업이 부가적으로 해야 하는 사회적 책임 실현을 위한 활동을 의미한다.

CSV(Creating Shared Value)는 CSR보다 진화된, 공유가치를 창출하는 개념이다. 기업 경영 시 기업 가치와 사회 가치를 모두 추구해야 함을 강조한다. 사회적 책임이 기업 본연의 경영 활동과 함께 이루어진다는 관점에서, CSR보다 기업의 사회적 책임을 더욱 강하게 주장한다.

ESG(Environmental, Social, Governance)는 투자 지표로서의 기능을 가지며, 기업의 장기적이고 안정적인 수익 창출을 위한 비재무적 지표로서의 중요성을 강조한다. 반면, CSR은 기업이 사회적 책임을 실현하기 위한 부가적 활동에 중점을 두며, CSV는 사회적 가치와 기업 가치의 동시 추구를 통해 사회적 책임을 기업의 핵심 경영 활동으로 통합한다 (그림 1–6).

그림 1–6. ESG, CSR, CSV (출처: JW중외제약 홈페이지)

결국 ESG는 장기 투자와 리스크 관리 전략의 중요한 축으로 기능하며, 기업의 자발적 사회 공헌 활동뿐만 아니라 지속 가능한 경영을 위한 필수 요소인 것이다.

그린워싱과 ESG 워싱의 덫

– 기업들은 정말 친환경적인가?

그린워싱(Greenwashing)과 ESG 워싱은 기업이 실제보다 더 친환경적이거나 사회적 책임을 다하는 것처럼 거짓 또는 과장된 정보를 전달하는 것을 말한다. 이는 현대 기업 경영에서 중요한 이슈가 되고 있다.

그린워싱은 주로 환경에 초점을 맞춘 개념으로, 기업이 실제보다 더 친환경적인 것처럼 보이려는 행위이다. 가령, 한 패스트푸드 체인점이 플라스틱 빨대를 종이 빨대로 교체하면서 이를 대대적으로 홍보하더라도, 동시에 일회용 플라스틱 용기 사용을 계속하는 경우가 이에 해당한다고 할 수 있다(표 1–3).

표 1–3. 그린워싱의 일곱 가지 유형

구분	내용	사례
상충효과 감추기	친환경적 일부 속성에만 초점을 맞추어 다른 속성이 미치는 전체 환경 여파를 숨기는 경우	제작환경이 환경에 미치는 영향을 고려하지 않는 재활용 종이
증거 불충분	증거가 불충분한 환경 주장의 경우	뒷받침 정보나 제3자 인증 없이 'all natural'이라고 주장하는 샴푸
애매모호한 주장	문구의 정확한 의미 파악이 어려운 광범위한 용어의 사용	무독성(non–toxic) 세제
관련 없는 주장	관련성 없는 내용을 연결시켜 왜곡시키는 경우	용기가 재활용됨을 표시하면서 'green'이라는 용어 사용
거짓말	취득하지 못하거나 인증되지 않은 인증마크를 도용하는 경우	
유해상품 정당화	친환경적 요소는 맞지만 환경에 해로운 상품에 적용하여 본질을 속이는 경우	유기농 담배, 녹색 해충약
부적절한 라벨	인증서와 비슷한 이미지를 부착하여 공인된 상품처럼 위장하는 경우	No BPA(유해물질 없음) 인증마크로 흉내 내어 위장

(출처: 한국소비자원, 2012)

반면 ESG 워싱은 더 넓은 개념으로 환경, 사회, 지배구조 전반에 걸쳐 기업이 실제보다 ESG 성과가 우수한 것처럼 보이려는 행위가 포함된다.

이 행위들은 소비자와 투자자의 신뢰를 손상시키고, 진정으로 친환경적이고 사회적 책임을 실천하는 기업들의 노력을 퇴색시킨다. 또한 ESG 경영과 투자의 실효성에 대한 의구심을 불러일으키고 있다. 예를 들어, 한 투자자가 ESG 성과가 우수하다고 알려진 기업에 투자했지만 나중에 그 기업이 실제로는 환경 오염을 일으키고 있었다는 사실이 밝혀진다면, 이는 ESG 투자 전반에 대한 신뢰를 떨어뜨릴 수 있다(표 1-4).

표 1-4. 그린워싱 대 ESG 워싱

구분	그린워싱(Greenwashing)	ESG 워싱(ESG washing)
정의	기업이 실제로는 환경 보호 효과가 없거나 환경에 악영향을 끼치는 제품을 생산하면서도 친환경적인 모습으로 포장하는 행위	ESG 속성과 성과를 허위·과장·축소·은폐·생략 등의 방식으로 광고·홍보·마케팅하여 경제적, 사회적 이익을 누리는 행위
범위	주로 환경(E) 측면에 초점	환경(E), 사회(S), 지배구조(G) 전반을 포괄
주요 수법	• 친환경 용어 남용 • 사소한 친환경 이니셔티브 강조 • 신뢰성 부족한 친환경 라벨 사용	• ESG 성과 과장 • 불리한 정보 은폐 • ESG 관련 허위 주장
영향	• 소비자 신뢰 저하 • 진정한 친환경 제품 개발 저해 • 환경 문제 악화	• 이해관계자 신뢰 저하 • ESG 생태계 교란 • 사회적 가치 창출 저해
규제 동향	• 공정거래위원회의 표시 광고 관련 법률 • 환경 관련 표시·광고 심사지침	• EU의 그린클레임 지침 • ESG 정보공개 의무화 • ESG 평가기관 규제
예방 방안	• 환경성적표지 마크 사용 • 구체적이고 검증 가능한 환경 주장	• ESG 경영 내재화 • 투명한 ESG 정보 공개 • 강력한 컴플라이언스(법규준수) 시스템 구축

그린워싱과 ESG 워싱의 발생 원인은 다양하다. ESG 성과에 대한 명확한 평가 기준이 부재하고, 기업과 외부인 간의 정보 비대칭성이 존재하며, 기업들이 단기적 성과주의와 마케팅 수단으로 ESG를 활용하려는 경향이 원인일 수 있다. 예를 들어, 한 기업이 탄소 배출

량 감축 목표를 설정했다고 발표했지만, 실제로는 그 목표를 달성하기 위한 구체적인 계획이나 투자가 없는 경우가 이에 해당할 수 있다.

ESG 워싱을 판단할 때는 고의성 여부를 따지지 않고 사실이나 위반 그 자체를 평가하므로 이러한 문제를 해결하기 위한 여러 가지 대응 방안이 필요하다. ESG 성과에 대한 표준화된 평가 기준과 공시 제도를 마련하고, 제3자 검증을 강화해야 한다. 또한 기업은 진정성 있는 ESG 경영을 실천하고 이를 유지하기 위해 투명하게 커뮤니케이션해야 한다. 예를 들어, 한 기업이 ESG 보고서를 발간할 때, 외부 전문가의 검증을 받고 구체적인 데이터와 함께 개선이 필요한 부분도 솔직히 공개하는 것이 좋은 사례가 될 수 있다.

결론적으로, 과도기적인 변화의 시기에 그린워싱과 ESG 워싱 발생 가능성은 매우 높으며, 이것은 ESG 경영과 투자의 신뢰성을 해치는 중요한 문제이다. 이를 방지하고 해결하기 위해서는 기업, 투자자, 규제기관 그리고 커뮤니케이션 전문가들의 협력이 필요하다. 이를 통해 진정한 의미의 지속 가능한 발전과 사회적 책임을 실현할 수 있을 것이다.

국제 표준을 따라라

– ESG와 ISO, 기업 경영의 새로운 규칙

ISO(International Organization for Standardization, 국제표준화기구)는 기업이 국제 표준에 따라 특정 경영 시스템을 구축하여 이행함을 인증기관이 평가하고 인증하는 역할을 한다. 인증의 결과는 대외적인 신뢰성을 제고할 수 있고, 인증의 유효성을 위해 기업 또는 조직은 지속적인 사후관리 및 개선 활동을 수행해야 한다. ISO 인증은 ESG의 여러 측면을 다루고 있어 ESG 경영을 실행하는 데 도움이 되며, 상호 보완적인 관계를 형성하고 있다. 예를 들어, ISO 14001(환경 관리), ISO 45001(산업안전보건), ISO 37001(부패방지) 등의 표준들이 ESG의 각 영역과 연관되어 있다(그림 1-7).

ISO 표준들은 ESG 개념을 실제 경영 시스템에 적용할 수 있는 구체적인 지침을 제공하여, 기업들이 ESG 원칙을 체계적으로 구현할 수 있게 돕는다. 또한 ISO는 ESG 보고 및 실행의 글로벌 표준화를 위해 노력하고 있어, 기업들이 일관된 방식으로 ESG를 적용하고 보고할 수 있게 한다.

ESG 성과를 측정하고 보고하는 과정에서 ISO 표준은 중요한 역할을 한다. ISO 표준들은 ESG 성과를 측정하고 보고하는 데 필요한 프레임워크를 제공하여, 기업들이 ESG 활동을 효과적으로 관리하고 이해관계자들에게 투명하게 공개할 수 있게 한다. 더불어 ISO는 ESG 구현을 위한 새로운 프레임워크를 개발 중인데, 이는 조직 문화에 ESG를 내재화하고 기존의 지침과 호환되는 방안을 제공할 예정이다. ISO 표준들은 ESG 경영을 실행하고 평가하는 데 중요한 도구로 활용되고 있으며, ESG와 ISO는 서로 보완하며 발전하고 있다.

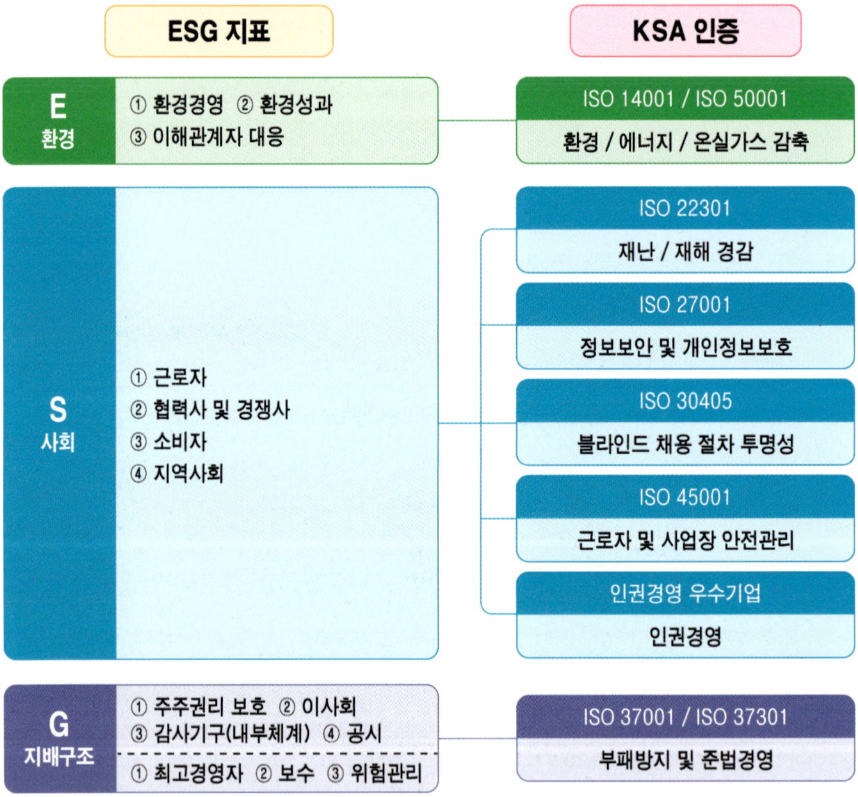

그림 1-7. ESG 지표와 KSA(Korean Standards Association, 한국표준협회) 인증 (출처: 한국표준협회)

100% 재생에너지, 현실로 가능할까?

– ESG와 RE100의 도전

RE100은 ESG의 'E(환경)' 부분과 직접적으로 연관되며, 기업의 환경 책임을 실천하는 중요한 방법 중 하나이다.

RE100은 'Renewable Electricity 100%'의 줄임말로, 2050년까지 친환경 재생에너지를 통해 전체 전력을 공급받겠다는 기업들의 글로벌 캠페인이다. 2024년 9월 기준, 세계적으로 435개 기업이 가입했으며, 한국에서는 36개 기업이 참여하고 있다(그림 1-8). 이는 기업의 탄소 배출을 줄이고 기후 변화에 대응하는 핵심 전략이 된다. 구글(Google)의 경우 2017년에 RE100에 가입하고 2020년에 자사 운영 시설의 100% 재생에너지 사용을 달성했다.

그림 1–8. RE100 가입 기업 (출처: RE100 정보플랫폼)

우리나라 기업들도 RE100에 적극 참여하고 있다. SK그룹, 삼성전자, LG전자, 네이버 등 주요 기업들이 RE100에 가입했는데, 이를 ESG 경영의 일환으로 볼 수 있다. 이 중 SK그룹은 2020년 RE100 가입 후 8개 계열사가 참여하고 있으며, 2050년까지 100% 재생에너지 사용을 목표로 하고 있다.

RE100 참여는 기업의 ESG 성과를 향상시키는 중요한 방법이 되고 있다. 글로벌 투자기관들은 기업의 ESG 평가에 RE100 참여 여부를 중요한 요소로 고려하고 있다. 또한 RE100에 참여한 기업들은 협력업체에게도 재생에너지 사용을 요구하고 있어, 이러한 추세가 전체 산업 생태계로 확산되고 있다. 예를 들어, BMW사의 경우 배터리 셀 납품업체에게 친환경 전력만을 사용하도록 요구했는데, 파트너사인 삼성SDI는 이 요구를 수용했다. 이처럼 RE100은 단순한 환경 캠페인을 넘어 기업의 경쟁력과 직결되는 중요한 ESG 요소가 되고 있는 것이다.

쓰레기는 돈이다_수퍼빈

수퍼빈(SuperBin)은 폐자원 수거와 재활용을 통해 순환경제를 실현하는 혁신적인 기업이다. 2015년 창업 이후, 회수로봇 '네프론'을 개발하여 폐자원 수거 방식에 혁신을 가져왔다. 전국에 500대 이상의 네프론을 설치하여 운영하고 있다. 네프론은 개인이 캔, 페트병을 거래하여 금전적 보상을 얻고, 선별 수집된 쓰레기로 순환경제체제를 구축시키는 순환자원 회수로봇이다. AI 기술로 입력된 캔과 페트병의 재활용 가능성을 즉시 판단한다. 재활용이 가능한 경우 사용자에게 포인트를 적립해 주는 시스템을 통해 재활용 참여를 독려하고 있는데, 취약계층의 참여가 높아 사회적 가치 창출에도 기여하고 있다(그림 1-9).

현재, 수퍼빈은 재활용 전 과정을 통합하는 비즈니스 모델을 구축하고 있다. 경기도 화성에 4,000평 규모의 플라스틱 재활용 공장을 준공하여 플레이크 생산을 시작했으며, 전북 순창에는 화학공장을 설립하여 리사이클링 플라스틱 원자재인 펠릿 생산까지 확대할 예정이다. 이를 통해 수집에서 재생산까지 전 과정을 아우르는 세계 최초의 통합 모델을 실현하고 있다.

환경적 측면에서 수퍼빈은 재활용률 향상과 폐기물 감소에 크게 기여하고 있다. 네프론

그림 1-9. 실제 설치된 네프론. 원격제어를 통해 실시간으로 수거된 쓰레기 확인이 가능하다. (출처: 수퍼빈 홈페이지)

을 통해 수거된 폐자원은 고품질의 재활용 원료로 활용되어, 우리나라 기업들의 해외 수입 의존도를 낮추는 데 일조하고 있다. 또한 재활용 과정에서 발생하는 환경 부하를 최소화하기 위해 지속적인 기술 개발에 투자하고 있다.

사회적 측면에서 수퍼빈은 '재활용도 놀이'라는 캐치프레이즈로 재활용에 대한 인식 개선에 앞장서고 있다. 쓰레기미술관과 쓰레기카페 운영을 통해 재활용에 대한 문화적 접근을 시도하며, 이를 통해 시민들의 자발적인 참여를 유도하고 있다. 또한 네프론 포인트 시스템을 통해 취약계층에게 경제적 혜택을 제공하고 있다.

지배구조 측면에서 수퍼빈은 투명한 경영을 실천하고 있다. SK지오센트릭, 롯데케미칼 등 대기업들이 주주로 참여하여 경영 투명성을 높이고 있으며, 지속적인 투자 유치를 통해 사업 확장의 기반을 마련하고 있다.

앞으로 수퍼빈은 우리나라를 넘어 유럽 등 해외 시장 진출을 계획하고 있으며, 상장을 통해 더 큰 도약을 준비하고 있다. 지속 가능한 순환경제 구축을 위한 수퍼빈의 노력은 앞으로도 계속될 것으로 보인다.

ESG의 성공 방정식_유니레버

유니레버(Unilever)는 영국에 본사가 있는 다국적 기업으로, 1929년 설립된 생활용품 제조 기업이다. 또한 ESG 경영의 글로벌 선두주자로, 그들의 체계적이고 통합적인 접근 방식은 전 세계의 지속가능경영 전문가들로부터 교과서적인 모델로 인정받고 있다.

GlobeScan-Sustainability Survey에 따르면, 유니레버는 2011년부터 2022년까지 연속으로 지속가능경영 분야 리더 설문조사에서 1위를 차지하면서 지속가능경영 글로벌 표준으로 자리 잡았다(그림 1-10).

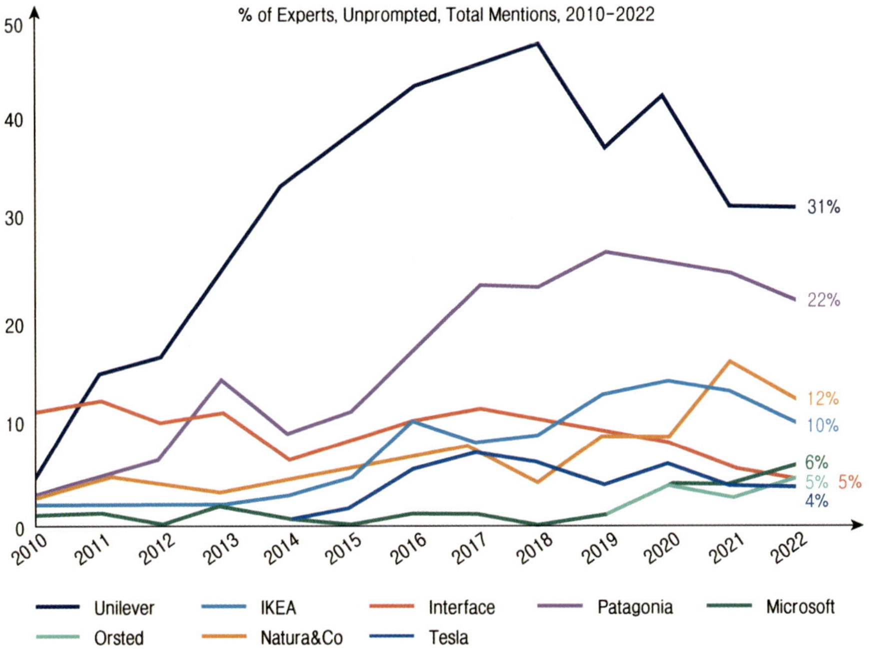

그림 1-10. 2010~2022년 GlobeScan-Sustainability Survey 지속 가능성 리더 조사 결과 (출처: The 2022 Globescan/SustainAbility Leaders Survey Report)

유니레버의 지속가능경영은 폴 폴먼(Paul Pollman)의 리더십하에 크게 발전했다. 유니레버의 CEO 폴먼은 '지속 가능한 삶의 계획(Unilever Sustainable Living Plan; USLP)'을 시작하여 비즈니스와 지속가능경영의 비전과 전략체계 통합을 목표로 했다. 그의 리더십은 네슬레(Nestlé)에서의 경험을 바탕으로 하여 USLP의 성공적인 설계와 실행을 이끌었으며, 이는 유니레버의 전체 가치사슬(value chain: 기업이 상품이나 서비스를 생산하고 유통하는 과정에서 고객에게 가치를 제공하는 일련의 활동)에서 지속 가능성을 높이는 데 중요한 역할을 했다.

환경(E) 측면에서 유니레버는 2039년까지 모든 제품에서 넷제로(Net-Zero, 탄소중립) 배출 달성을 목표로 하고 있으며, 2023년까지 산림 벌채 없는 공급망 구축을 추진하고 있다. 이미 2008년 이후 생산 제품 톤당 폐기물을 96% 감축하는 성과를 거두었고, 2030년까지 온실가스 배출량 50% 감축을 목표로 하고 있다.

사회(S) 분야에서는 13억 인구의 건강과 위생 개선을 이루었으며, 2025년까지 여성 직원 비율 50% 달성을 목표로 하고 있다. 또한 2021년 기준으로 공정무역 인증 원자재를 100% 사용하고 있다.

지배구조(G) 측면에서 유니레버는 이사회부터 실무조직까지 통합적인 ESG 전략을 운용하고 있으며, CSR 위원회를 통해 정기적으로 성과를 점검하고 있다. 특히 'Unilever Partner with Purpose(UPWP)' 프로그램을 통해 공급망 관리에도 힘쓰고 있으며, 2021년 기준으로 원자재의 65%를 지속 가능한 방식으로 조달하고 있다.

유니레버의 ESG 경영은 단순한 사회 공헌 활동을 넘어 기업의 전반적인 운영과 의사결정 과정에 깊이 통합되어 있다. 이를 통해 유니레버는 지속 가능성과 경영 성과를 연계하며 장기적인 관점에서의 지속 가능 성장을 추구하고 있다. 유니레버의 사례는 ESG 경영이 기업의 핵심 가치와 전략으로 자리 잡을 때 얻을 수 있는 긍정적인 영향을 보여주는 대표 예시라고 할 수 있다.

ESG의 매력 포인트

기업과 소비자의 마음을 사로잡는 ESG의 비밀

소비자(Consumer)와 고객사(Customer) 모두에서 지속 가능한 소비에 대한 관심이 높아지고 있다. 지속 가능한 소비는 천연 자원과 독성 물질의 사용을 최소화하면서 삶의 질을 향상시키는 제품 및 서비스를 이용하는 것을 의미한다. 이는 소비하는 동안 폐기물과 오염 물질의 배출을 줄여, 미래 세대의 소비를 보장하는 윤리적 소비를 뜻한다.

스마트폰과 소셜 미디어(SNS)의 발달로 기업의 ESG 정보가 실시간으로 공유되며, 소비자들이 ESG 이슈에 쉽게 접근할 수 있게 되었다. 특히 MZ세대를 중심으로 ESG 성과가 좋지 않은 기업에 대한 불매 운동이나 소셜 미디어(SNS)를 통한 부정적 정보 공유 등 적극적인 행동이 나타나고 있다. 이에 기업들은 소비자와 고객사의 ESG 관련 요구사항을 면밀히 파악하고, 그들의 참여를 유도하는 방안을 모색해야 하는 상황에 직면해 있다(Box 1-1).

Box 1-1

기업에게 ESG가 중요한 이유

기업 경영과 가치에 영향을 주는 다양한 ESG 요구사항이 있다.

1. ESG 규제 강화
- 기업은 ESG 정보를 의무적으로 공개
- 2050년까지 탄소배출을 넷제로(Net-Zero)로 줄이기 위한 규제 강화, 기업의 준수 노력

2. 투자자의 ESG 요구 증가
- 기업의 지배구조를 개선하기 위한 스튜어드십 코드 강화
- 연기금과 자산운용사들의 책임감 있는 투자, ESG 투자 전략 확대

3. 기업 평가에 ESG 반영
- 글로벌 신용평가사들이 ESG 요소를 신용 평가에 적극적으로 반영

4. 고객의 ESG 요구 증가
- ESG는 공급망 관리와 협력업체를 선정할 때 중요한 요소로 부각
- MZ세대(밀레니얼+Z세대)를 중심으로 고객의 ESG 요구가 증가

소비자의 마음을 훔치는 마법
– ESG의 숨겨진 매력

1. 의미 있는 선택을 향한 소비자의 마음

MZ세대를 중심으로 가치 기반의 소비 문화가 확산되고 있다. 소비할 때 단순히 제품의 품질이나 가격뿐만 아니라, 기업의 친환경성과 사회적 책임도 중요한 결정을 하는 요인으로 여긴다. 특히 자신의 가치관과 신념을 소비를 통해 표현하는 '미닝아웃(meaning out)' 트렌드가 두드러지고 있다. 휴넷의 앱 그로우는 MZ세대 928명을 대상으로 한 설문조사에서 '가치소비자인가?'를 묻는 질문에 응답자 79%가 '그렇다'고 답하고, ESG 활동 중 관심 있는 분야는 65%가 '환경'이라고 답했다고 한다(그림 1-11).

이러한 소비 문화로 환경 보호 제품을 선호하는 '그린슈머(greensumer: green+consumer의 합성어)' 현상, 기업의 윤리성과 사회적 책임을 고려하는 윤리적 소비, 제품이 주는 심리적 만족감을 중시하는 '가심비(가격 대비 마음의 만족을 추구하는 소비 형태라는 뜻

으로 가성비에서 파생된 말)' 소비 등이 있다. 또한 '돈쭐내기'와 같이 소비를 통해 사회적 메시지를 전달하거나 변화를 이끌어 내려는 적극적인 참여형 소비 행태도 나타나고 있다.

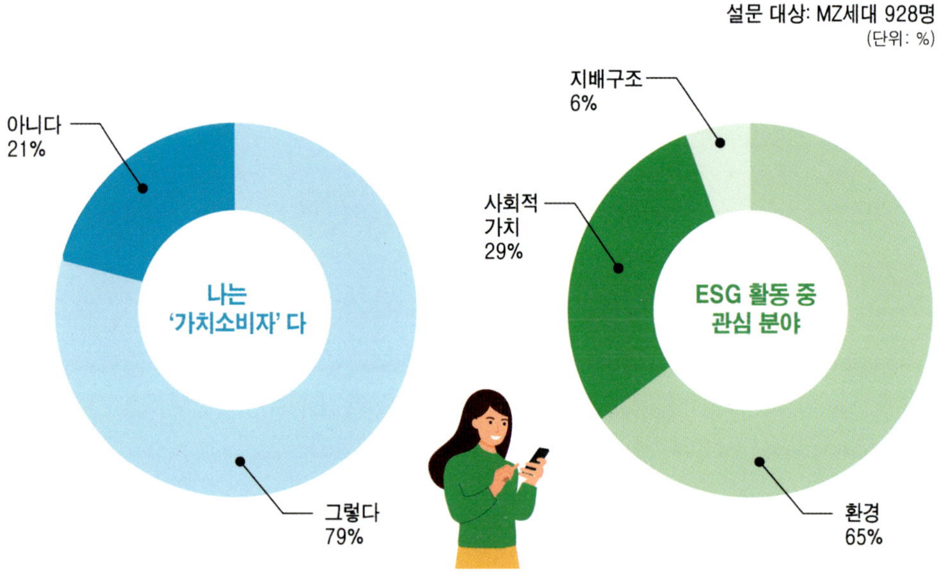

그림 1-11. MZ세대 가치소비 설문조사 결과 (출처: 성장관리 앱 그로우)

이러한 가치 기반 소비 문화의 확산은 기업들의 경영 방식에도 영향을 미치고 있다. 기업들은 ESG 경영을 강화하고, 사회적 가치를 창출하는 제품과 서비스 개발에 주력하고 있다. 마케팅 전략 역시 단순한 제품 홍보를 넘어 기업의 가치와 사회적 책임을 강조하는 방향으로 변화하고 있다. 이는 소비자들의 가치관이 기업의 경영 방식과 제품 개발에 직접적인 영향을 미치는 새로운 소비 패러다임이 형성되고 있음을 보여 준다.

2. 착한 기업이 사랑받는 시대

현대 소비사회에서 주목할 만한 현상은 '돈쭐'과 '바이콧'의 등장이다. 이는 사회적 선행을 실천한 기업이나 자영업자에 대한 소비자들의 긍정적인 반응을 나타내는 신조어이다.

'돈쭐'은 '돈'과 '혼쭐내다'의 합성어로, 사회적으로 바람직한 행동을 한 사람이나 기업 제품을 적극 구매하여 지지를 표현한다는 반어적 의미를 가진다. 이 용어의 시작은 2019년

7월, 홍대 입구의 한 파스타 전문점 사장의 선행에서 비롯되었다. 결식아동들에게 무료로 음식을 제공한다는 공지가 소셜 미디어(SNS)에서 화제가 되면서, 소비자들이 직접 가게를 방문해 '돈쭐'을 내기 시작했다(그림 1-12).

그림 1-12. 돈쭐, 사회적으로 바람직한 행동을 한 가게나 기업의 제품을 적극적으로 구매하여 지지를 표현하는 행위를 뜻한다.

한편 '바이콧(buycott)'은 소비자가 모범적인 환경에서 생산된 제품을 의도적으로 구매하는 운동을 말한다. 환경과 사회적 정책을 지지하는 기업의 제품을 구매하는 행위로, 불매운동(boycott)의 반대 개념이라고 할 수 있다(그림 1-13).

소비자들은 더 이상 수동적인 구매자가 아니며, 기업의 사회적 책임 활동을 적극적으로 평가하고 반응하는 능동적인 참여자가 되었다. 개인의 신념과 가치를 중시하는 소비 트렌드의 확산으로 소셜 미디어(SNS)를 통한 빠른 정보 공유와 집단적 소비 행동이 만들어지고 있다. 이는 기업들에게 사회적 책임을 다하고 윤리적 경영을 실천하는 것이 장기적인 성공을 위한 필수 요소가 되고 있음을 시사한다. 이러한 트렌드는 앞으로도 소비 문화와 기업 경영에 지속적인 영향을 미칠 것으로 예상된다.

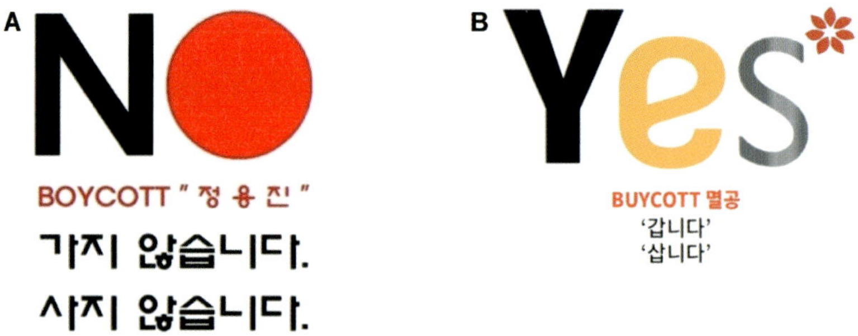

그림 1-13. 바이콧의 예. 2022년 정용진 신세계그룹 부회장의 '멸공' 관련 발언 여파로 당시 여당 정치인을 중심으로 퍼진 신세계그룹 보이콧(불매 운동) 포스터(A)와 이에 맞선 MZ세대 중심의 바이콧(구매 운동) 포스터(B) (출처: 소셜 미디어, 온라인 커뮤니티)

3. 선택이 바꾸는 세상

2021년 대한상공회의소의 조사 결과에 따르면, 63.0%의 소비자가 기업의 ESG 활동이 제품 구매에 영향을 준다고 응답했다(그림 1-14).

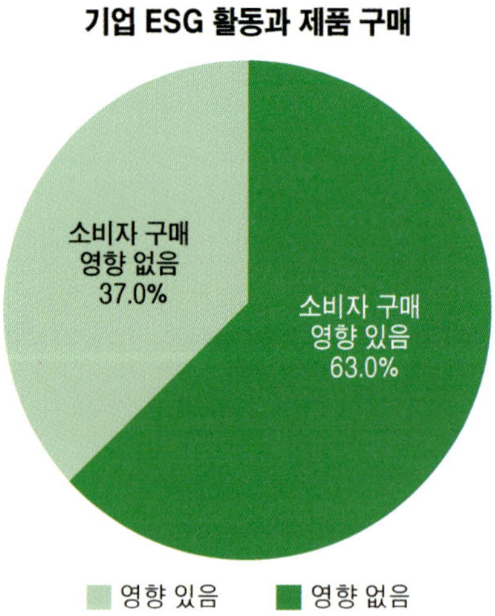

그림 1-14. 기업의 ESG 활동이 제품 구매에 끼치는 영향에 관한 설문조사 결과 (출처: 대한상공회의소)

소비자들이 ESG를 부가적인 활동이 아닌 구매 결정에 영향을 미치는 중요한 요소로 인식함을 보여준다. 더 나아가 같은 조사에서 70.3% 응답자가 ESG에 부정적인 기업 제품을 구매하지 않은 경험이 있다고 답했다. 이는 소비자들이 ESG 실천에 소극적인 기업에 대해 실제로 구매를 거부하는 등의 적극적인 행동을 취하고 있음을 나타낸다.

소비자들의 이러한 변화는 기업 ESG 경영을 가속화하고 있다. 기업들은 ESG를 단순한 사회 공헌 활동이 아닌, 기업의 생존과 성장을 위한 필수적인 경영 전략으로 인식하기 시작했다.

4. 지속 가능한 소비의 실천

파타고니아(Patagonia)의 사례는 ESG 기반의 제품 선택이 소비자 행동에 미치는 강력한 영향력을 보여주며, 이를 통해 현대 소비 트렌드의 중요한 변화를 확인할 수 있다.

'DON'T BUY THIS JACKET(이 재킷을 사지 마세요)'. 2011년, 블랙 프라이데이(11월 넷째 금요일, 미국 추수감사절 다음 날, 대대적인 할인 판매 행사가 시작되는 날)를 앞두고 미국 "뉴욕타임스" 전면에 실린 광고이다(그림 1-15). 1년 중 최고 매출을 낼 수 있는 블랙 프라이데이 당일 이 광고를 낸 건 사진 속 제품을 만든 기업인 파타고니아이다. 이유는 바

그림 1-15. 'DON'T BUY THIS JACKET(이 재킷을 사지 마세요)'. 2011년 파타고니아사가 미국 "뉴욕타임스"에 실은 전면광고 (출처: 파타코니아)

로 환경 보호이다. 재킷 한 벌을 만들기 위해 물, 목화 등의 수많은 원재료와 포장재가 사용되고 배송 과정에서도 많은 양의 탄소가 배출되니 비록 할인 기간일지라도 꼭 필요한 옷만 사라는 것이다. 블랙 프라이데이 할인 상품 배송으로 발생하는 탄소 배출량은 약 42만 9천 톤이고, 이후 버려지는 전자 폐기물량은 연간 5천만 톤에 달하고 있다. 여기서 나온 납과 수은 등의 독성 화학물질이 토양으로 누출돼 심각한 환경 오염을 일으키므로, 자사 제품을 사지 않아도 좋으니 환경 보호를 위해 블랙 프라이데이만이라도 소비를 자제해 달라는 의미이다.

소비자들은 제품의 품질과 가격뿐만 아니라 기업의 가치와 사회적 책임도 고려하여 구매를 결정한다. 파타고니아의 환경 보호 메시지는 소비자들의 가치관과 일치하여 브랜드 충성도를 높이는 결과를 가져왔다. 또한 매출의 1%를 환경 단체에 기부하고, 친환경 소재만을 사용하는 등 일관된 ESG 경영 실천은 브랜드의 신뢰도를 높이는 데 크게 기여했다. 이를 통해 파타고니아는 단순한 고객을 넘어 브랜드의 가치를 공유하는 충성 고객, 즉 팬덤을 형성할 수 있었다. 단기적인 매출 증대보다는 환경 보호라는 가치를 우선시하는 전략이 장기적인 브랜드 가치 상승과 매출 증대로 이어지는 결과를 낳았다.

이 결과는 현대 소비자들이 기업의 ESG 실천을 중요하게 여기며, 이를 바탕으로 제품을 선택하고 기업을 평가한다는 것을 명확히 보여주었다. 또한 기업들이 ESG를 단순한 사회적 책임이 아닌 핵심적인 경영 전략으로 인식하고, 진정성 있는 실천을 통해 소비자들의 신뢰와 지지를 얻어야 함을 시사하고 있다. 이러한 접근은 현대 소비 시장에서 기업의 지속 가능한 성장과 성공을 위한 중요한 요소가 되었다.

고객사가 원하는 것은 ESG다

– 공급망 혁신의 숨은 진실

1. ESG를 넘어선 법적 의무

공급망(협력사)은 원료 채취부터 제조, 운송, 판매, 사용, 회수, 폐기까지의 제품 라이프 사이클 전반을 포함한다(그림 1–16).

그림 1–16. 공급망의 범위

EU(European Union, 유럽연합)는 기업의 ESG 책임을 강화하는 방향으로 입법을 추진하였다. 기업 지속 가능성 실사 지침(Corporate Sustainability Due Diligence Directive; CSDDD)이 2024년 7월 25일에 발효되었는데, 기업들이 자사 및 공급망 전반에 걸쳐 인권과 환경에 미치는 부정적 영향을 식별, 예방, 완화하도록 의무화하였다(표 1–5). 적용 대상은 EU 내 대기업과 특정 고위험 부문의 중소기업, 그리고 EU에서 상당한 매출을 올리는 비EU 기업들이다. 또한 파리협정(2015년 제21차 유엔기후변화협약 당사국 총회에서 195개국이 채택한 기후변화협정)에 부합하는 기후전환계획을 수립해야 하는 의무도 부과되었다. 감독 및 제재 체계도 도입되었다. 회원국들은 규정 준수를 감독할 당국을 지정하고, 위반 시 매출의 최대 5%까지 벌금을 부과할 수 있도록 하였다. 피해자들은 기업을 상대로 손해배상을 청구할 수 있는 권리도 부여받았다.

이러한 규정은 2027년부터 대기업을 시작으로 2029년까지 단계적으로 적용될 예정이다. EU가 기업의 ESG 책임을 법적 의무로 강화하고, 공급망 전반에 걸친 지속 가능성을 촉진하려는 의지를 보여주었다. 이에 따라 기업들은 ESG 관리 체계를 강화해야 하는 상황에 직면하게 되었다. 이는 기업에 대한 도덕적 지탄을 넘어 법적 규제로 이어지는 중요한 변화를 의미한다(표 1–6).

표 1-5. ESG 평가와 공급망 실사의 차이점

	항목	ESG 평가	공급망 실사
1	정의	기업의 환경, 사회, 지배구조 성과를 평가하는 지표나 등급	기업 공급망의 법적, 윤리적, 지속 가능성 기준 준수 여부
2	목적	투자자와 이해관계자를 위해 기업의 지속 가능성과 윤리적 관행을 평가하기 위함	공급망에서의 인권, 환경 영향, 부패 관련 위험을 식별하고 완화하기 위함
3	범위	기업의 환경적 영향, 사회적 책임, 지배구조 포함	기업의 공급업체, 계약자, 전체 공급망에 초점
4	핵심 초점	탄소 배출, 다양성, 지배구조 투명성 등 지속 가능성 요소에 광범위하게 초점	인권 침해, 노동 조건, 환경 피해, 법적 준수와 같은 구체적 위험에 집중
5	법적 요구사항	대체로 자발적이며, 일부 지역에서는 특정 규제 존재(예: EU 비재무 보고 지침)	독일 공급망 실사법이나 EU 기업 지속 가능성 실사 지침과 같은 법에 의함
6	관련 이해관계자	투자자, 주주, 규제 기관, NGO	공급업체, 규제 기관, 영향을 받는 지역 사회, NGO
7	보고	주로 연례 또는 정기적으로 지속 가능성 보고서나 ESG 등급을 통해 보고	법이나 산업 표준에 의해 요구되는 지속적 모니터링 및 보고
8	방법론	GRI, SASB, CDP(Carbon Disclosure Project, 탄소정보공개프로젝트) 같은 ESG 프레임워크를 활용한 다양한 지표 및 데이터 집계	법적 및 국제 기준[예: UNGP(UN Guiding Principles on Business and Human Rights, 유엔의 기업과 인권에 관한 지침 원칙), OECD] 준수에 초점을 맞춘 위험 평가 프레임워크 및 감사
9	결과	기업의 ESG 영역에서의 성과를 나타내는 점수 또는 등급 제공	법적 조치나 평판 손상의 위험을 줄이고 준수 여부 보장

표 1-6. EU 및 주요 회원국 공급망 ESG 진단·실사 법제화 동향(2022년 6월 말 기준)

국가/연합명	규제명	진행 경과
EU	EU Commission Proposal for a Directive on Due Diligence	법안 제출(EU집행위원회)
	EU Parliament Resolution on Corporate Due Diligence	입법 제안(유럽의회)
프랑스	French Law on Duty of Vigilance	법률 시행 중
독일	Germany Law on Supply Chain	법안 채택(2023년 시행)
노르웨이	Norwegian Law on Transparency	법률 시행 중
네덜란드	Dutch Proposal on Responsible Business Conduct	국회 법안 제출
	Child Labour Due Diligence Act(공급망 아동노동 실사 의무화)	법률 시행 중
오스트리아	Austrian Motion for a Resolution on Supply Chain	국회 법안 제출
벨기에	Belgian Proposal on Duty of Vigilance	국회 법안 제출

(출처: 산업통상자원부)

2. ESG가 도미노처럼 확산되다

ESG 관점에서 공급망 리스크는 다양하게 나타난다. 환경 규제 대응 실패로 인한 사업 중단, 인권 및 노동 문제로 인한 생산 차질과 공급 중단, 그리고 지속 가능한 의사 결정 구조 부재로 인한 성장 동력 약화 등이 주요 리스크로 꼽혔다. 특히 중소기업의 경우 인권과 환경을 중시하는 책임 있는 공급망 관리가 지속 가능한 비즈니스를 위한 핵심 과제가 되었다. 이에 따라 중소기업들은 전사적 차원에서 윤리적이고 투명한 공급망 대응이 필요하게 되었다.

이를 위해 기업들은 다음과 같은 노력을 기울여야 한다(그림 1-17).

- 공급업체 선정 시 ESG 기준 적용
- 정기적인 공급망 실사 및 모니터링 실시
- 공급업체와의 협력을 통한 지속 가능성 개선 노력
- 투명한 정보 공개 및 보고 체계 구축

그림 1-17. 공급망 리스크 대응 (출처: SK그룹 공급망관리 실천도, SK그룹 지속가능보고서 발췌)

이러한 노력은 단기적으로는 비용 증가를 발생시킬 수 있지만, 장기적으로는 리스크 감소, 기업 평판 향상, 새로운 비즈니스 기회 창출 등의 이점을 가져올 수 있다.

3. ESG가 만드는 새로운 파트너십의 규칙

공급망 내 ESG 요구사항의 중요성이 커짐에 따라 계약 관계에도 큰 변화가 생겼다. ESG 기준을 충족하지 못하는 기업들은 심각한 위험에 직면하게 되었다. 우선, ESG 요구사항을 충족하지 못할 경우 계약 해지의 위험이 존재하게 되었다. 많은 기업이 ESG 관련 조항을 계약에 포함시키기 시작했고, 이를 위반할 경우 계약을 종료할 수 있는 권한을 가졌다. 이는 공급업체나 하청업체들에게 ESG 기준을 준수해야 한다는 강력한 압박으로 작용하였다. 또한 하도급사 선정 과정에서 ESG 성과가 중요한 평가 기준이 되었다. ESG 기준을 충족하지 못하는 기업들은 입찰 과정에서 배제되거나 불이익을 받을 위험에 처하였다. 많은 기업이 ESG 성과를 사전 자격 심사 과정에 포함시켜 평가하기 시작했다. 이러한 변화로 인해 기업들은 ESG 성과 개선에 더욱 주력하였다. 특히 중소기업들에게는 ESG 대응이 새로운 도전 과제가 되었지만, 동시에 새로운 기회가 되기도 했다.

공급망 관리는 더 이상 단순한 비용 절감의 문제가 아니었다. 이는 기업의 지속 가능성과 경쟁력을 좌우하는 핵심 요소가 되었다.

정부도 움직인다

– 정책의 중심에 선 ESG

1. 정부의 손길이 닿다

우리 정부는 ESG의 중요성을 인식하고 이를 확산하기 위한 다양한 정책을 추진 중이다. ESG를 친환경, 포용, 공정경제로의 대전환을 위한 핵심 요소로 보고, 이에 필요한 인프라 확충에 주력하고 있다.

우선 우리나라 기업들의 ESG 경영 확산을 위해 정보 공개 확대와 가이드라인 마련 등의 노력을 기울이고 있다. 특히 중소·중견기업을 위한 컨설팅 및 자금 지원 정책을 추진하고 있다.

ESG 투자를 활발히 하기 위해 채권 발행 촉진과 세제 혜택 제공 등을 통해 투자자 참여를 유도하고 있다. 이를 통해 기업들의 ESG 경영 참여를 촉진하는 선순환 구조를 만들고자 한다.

우리 정부는 ESG 확산이 단순한 기업 이미지 제고가 아닌 국가의 지속 가능한 성장을 위한 필수 요소라고 인식하고 있다. 기후 변화 대응, 사회적 가치 창출, 투명한 지배구조 확립 등이 국가 경쟁력 강화와 직결된다고 보고 있다. 또한 ESG를 미래 성장 동력으로 인식하고, 인프라 구축과 제도적 지원에 적극 나서고 있다. ESG 경영과 투자 확산을 통해 기업 경쟁력 강화와 국가 경제의 지속 가능한 성장을 동시에 추구하고 있다(그림 1-18).

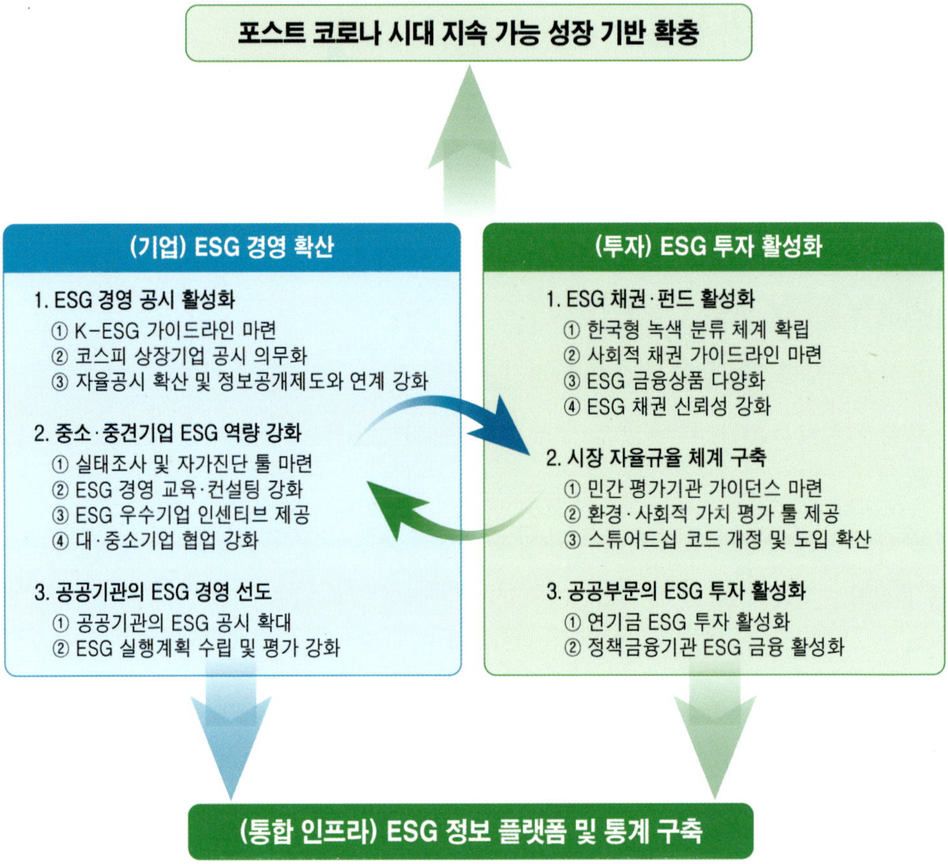

그림 1-18. 우리나라 정부의 ESG 인프라 확충 방안 (출처: 기획재정부 지속가능경영지원센터)

2. ESG가 법제화되다

정부는 ESG 경영 공시를 활성화하기 위해 다양한 정책과 법제도를 강화하고 있다. K-ESG 가이드라인을 마련하여 기업들이 일관된 기준으로 ESG 성과를 측정하고 공개할 수 있도록 돕고 있다. 이는 기업의 ESG 경영 실천과 투명한 정보 공개를 촉진한다. 코스피 상장기업에 대한 ESG 공시 의무화 정책도 추진 중이다. 이는 투자자들의 의사 결정에 필요한 정보를 제공하고, 기업들의 ESG 경영을 더욱 활성화할 것으로 기대되고 있다.

2024년 3월 29일 열린 ESG 정책 토론회에서 각 정당이 다양한 의견을 제시하였다(그림 1-19). 이는 ESG에 대한 정치권의 관심이 고조되고 있음을 보여준다.

<table>
<tr><th>번호</th><th colspan="2">ESG 정책 질의 문항</th><th>국민의힘</th><th>더불어
민주당</th><th>녹색
정의당</th><th>새진보
연합</th><th>진보당</th><th>개혁신당</th></tr>
<tr><td>1</td><td colspan="2">ESG 기본법 제정</td><td>×</td><td>●</td><td>●</td><td>●</td><td>●</td><td rowspan="17">미제출</td></tr>
<tr><td>2</td><td colspan="2">ESG 정보공개 (조기) 의무화</td><td>▲</td><td>●</td><td>●</td><td>●</td><td>●</td></tr>
<tr><td>3</td><td colspan="2">한국판 공급망 실사법 제정</td><td>×</td><td>●</td><td>●</td><td>●</td><td>●</td></tr>
<tr><td>4</td><td colspan="2">지속 가능 공공조달 의무화(조달사업법 개정)</td><td>×</td><td>▲</td><td>●</td><td>●</td><td>●</td></tr>
<tr><td>5</td><td colspan="2">한국판 지속 가능 금융 액션 플랜 및 로드맵 수립</td><td>●</td><td>●</td><td>●</td><td>●</td><td>●</td></tr>
<tr><td>6</td><td colspan="2">한국판 지속 가능 금융 공시규제 마련</td><td>▲</td><td>●</td><td>●</td><td>●</td><td>●</td></tr>
<tr><td>7</td><td colspan="2">모든 공적 연기금의 ESG 고려 의무화 및 주주권 확대(국가재정법 개정)</td><td>×</td><td>●</td><td>●</td><td>●</td><td>●</td></tr>
<tr><td>8</td><td colspan="2">금융기관 자산건전성 평가에 기후 리스크 고려 의무</td><td>▲</td><td>●</td><td>●</td><td>●</td><td>●</td></tr>
<tr><td>9</td><td colspan="2">공적 연기금 및 공적 금융기관의 자산 포트폴리오 넷제로 선언 및 로드맵 수립과 이행</td><td>×</td><td>●</td><td>●</td><td>●</td><td>●</td></tr>
<tr><td>10</td><td colspan="2">ESG 금융공사 설립</td><td>×</td><td>●</td><td>×</td><td>×</td><td>●</td></tr>
<tr><td>11</td><td colspan="2">스튜어드십 코드 모니터링 기구 설치</td><td>▲</td><td>●</td><td>●</td><td>●</td><td>●</td></tr>
<tr><td>12</td><td colspan="2">ESG 워싱 방지 모니터링 기구 설치</td><td>×</td><td>●</td><td>●</td><td>●</td><td>●</td></tr>
<tr><td>13</td><td colspan="2">기업 재생에너지 수요 반영한 전력망 탈탄소화 목표 수립 및 재생에너지 공급 확대에 대한 입장</td><td>×</td><td>●</td><td>●</td><td>●</td><td>×</td></tr>
<tr><td rowspan="4">14</td><td rowspan="4">기업 재생에너지 구매 환경 개선 정책에 대한 입장</td><td>기업 재생에너지 조달 인센티브 정책 강화</td><td>미표시 찬성</td><td>●</td><td>●</td><td>◐</td><td>×</td></tr>
<tr><td>기업 재생에너지 계획 입지제도 도입</td><td>미표시 찬성</td><td>●</td><td>●</td><td>●</td><td>×</td></tr>
<tr><td>중소·중견 재생에너지 구매 지원</td><td>미표시 찬성</td><td>●</td><td>●</td><td>◐</td><td>●</td></tr>
<tr><td>기업 재생에너지 관련 정보 투명성 제고</td><td>미표시 찬성</td><td>●</td><td>●</td><td>●</td><td>●</td></tr>
</table>

※ 표시 구분: ●(찬성) / ×(반대) / ◐(한시적 찬성) / ▲(찬반 명확하지 않은 의견 개진 = 결과적으로는 반대의 취지로 읽힘) / 미표시 찬성(각 항목에 찬·반을 표시하지 않았으나, 상위 질문에 찬성으로 표시한 경우)

그림 1-19. 제22대 총선 ESG 정책질의 각 정당 답변 비교 (출처: KoSIF 홈페이지)

이러한 움직임은 ESG가 단순한 기업의 사회적 책임을 넘어 국가 경쟁력의 핵심 요소로 인식되고 있음을 시사하고 있다. 정부와 정치권은 ESG 관련 정책과 법제도를 강화함으로써 기업의 ESG 경영을 촉진하고, 나아가 국가의 지속 가능한 발전을 도모하고자 하는 의지를 보이고 있다.

더불어, ESG 관련 교육과 인재 양성에 주력하고 있다. 대학과 협력하여 ESG 관련 커리큘럼을 개발하고, 기업들의 ESG 전문가 육성을 지원하고 있다. 이는 장기적으로 ESG 생태계를 강화하고, 국가 전체의 ESG 역량을 높이는 데 기여할 것으로 예상되고 있다.

3. 글로벌 논의의 중심에 선 ESG

2021년 서울에서 개최된 P4G 정상회의와 탄소중립위원회의 출범은 국내·외 ESG 열풍을 촉진하는 중요한 계기가 되었다. 이 두 사건은 지속 가능한 발전과 기후 변화 대응을 위한 국제적 협력의 중요성을 강조하는 역할을 하였다(그림 1-20).

그림 1-20. P4G Overview Brochure(2024년 10월호) (출처: P4G 홈페이지)

P4G(Partnering for Green Growth and the Global Goals 2030, 녹색 성장과 2030년 글로벌 목표를 위한 파트너십) 정상회의는 2021년 5월 30일부터 31일까지 서울에서 개최되었다. 이 회의는 녹색경제 관련 5대 중점 분야인 식량·농업, 물, 에너지, 도시, 순환경제에서 민관협력을 촉진하고 지속가능발전목표(SDGs) 달성과 파리협정 이행을 가속화하기 위한 협력체로서의 역할을 하였다. 또한 기후 변화 대응과 지속 가능한 발전을 위한 국제사회의 노력을 재확인하고, 이를 위한 구체적인 행동 방안을 논의하였다. 특히 이 회의는 COVID-19 팬데믹 이후 녹색 회복을 위한 국제사회의 의지를 보여주는 중요한 자리였다.

한편, 탄소중립위원회는 2050년까지 탄소중립 달성을 목표로 하는 우리나라의 의지를 보여주는 상징적인 기구로 출범하였다. 이 위원회는 정부, 산업계, 시민사회 등 다양한 이해관계자들이 참여하여 탄소중립 정책을 수립하고 이행하는 역할을 맡게 되었다. 이러한 국제회의와 우리나라 위원회의 출범은 ESG 경영에 대한 관심을 높이는 데 크게 기여하였다. 기업들은 이러한 국제적 흐름에 맞춰 ESG 경영을 강화하기 시작했으며, 투자자들 역시 ESG 요소를 고려한 투자를 확대하였다.

ESG 평가의 비밀 레시피

성공적인 전략의 핵심을 밝히다

한국 ESG 가이드라인

– 한국 기업들이 따르는 성공 공식 공개

한국거래소(대한민국 금융거래소)와 우리 정부는 지속가능경영보고서 의무공시를 앞두고 기업들의 ESG 정보 공개를 지원하기 위한 다양한 노력을 기울이고 있다. 한국거래소는 2025년부터 시작되는 지속가능경영보고서 의무공시에 대비해 실현 가능한 수준을 준비 중이다. 이를 위해 다양한 글로벌 가이드라인을 참조하면서도, 우리나라 상장사의 현실을 반영하여 지표를 마련하고 있다. 한편 정부 차원에서도 기업들의 ESG 대응을 지원하기 위한 방안을 마련하고 있다. 특히 EU와 미국 등 주요국의 ESG 관련 규제가 강화되는 상황에서, 우리 기업의 수출 경쟁력 확보와 해외 투자 유치를 위해 적극적인 지원이 필요하다고 판단하였다. 이에 산업통상자원부는 K-ESG 가이드라인을 제작하여 배포하는 등 우리 기업들의 ESG에 대한 이해를 높이고 실질적인 대응을 돕고 있다(그림 1-21). 이 가이드라인은 기업의 ESG 경영과 정보 공개에 실용적으로 활용되도록 설계되었다. 이러한 노력들은 우리 기업들이 글로벌 ESG 트렌드에 효과적으로 대응하고, 나아가 ESG 경영이 기업 경쟁력을 강화할 수 있도록 지원하고 있다. 특히 중소·중견기업들의 ESG 역량 강화에도 주목하여, 기업 규모에 관계없이 ESG 경영이 확산될 수 있도록 하는 데 주력하고 있다.

그림 1-21. K-ESG 가이드라인 v1.0 표지 (출처: 산업통상자원부, 한국생산성본부)

글로벌 무대에서 ESG를 평가하는 기준은?

– 해외 ESG 가이드라인의 차별화 전략

ESG 이니셔티브를 다루는 대표적인 글로벌 기관으로는 GRI, SASB, TCFD 등이 있으며 기업의 지속 가능성 보고와 ESG 경영을 위한 중요한 가이드라인을 제공하고 있다. 이니셔티브(initiative)란, 일상적인 과업을 말하는 것이 아니라 미션·비전과 같은 방향성을 가지고 기존과 다른 특별한 과제 또는 프로젝트를 추진하는 것으로, 각 산업계에 속한 글로벌 기업들의 행동강령이나 가이드 형태의 자율 규범과 같은 것을 말한다. 주요 이니셔티브들의 특징은 다음 표 1-7과 같다.

표 1-7. 글로벌 ESG 이니셔티브

분야	명칭	설립 연도	특징	역할
기후 변화	SBTi (과학 기반 감축 목표 이니셔티브)	2015	지구의 기온 상승을 산업화 이전 대비 2℃ 이하로 제한하되 1.5℃로 제한하기 위해 노력, 2050년까지 탄소중립 목표에 따라 출범	파리협정 목표에 부합하는 온실가스 감축 목표를 위한 지침과 방법론 제공
	TCFD (기후 관련 재무 정보 공개 협의체)	2015	G20 재무장관과 중앙은행장 회의가 만든 이니셔티브	재무 공시 자료를 쉽게 적용할 수 있는 정보 공개 프레임워크 개발
	CDP (탄소 정보 공개 프로젝트)	2000	기후 변화 관련 정보 공개 플랫폼	전 세계 9,600여 개 기업의 기후 변화 대응 및 환경 경영 관련 정보 공개 요구
지속 가능성	GRI (글로벌 보고 이니셔티브)	1997	지속 가능성 보고를 위한 글로벌 프레임워크	전 세계 1만 5,402개 조직이 GRI 가이드라인에 따라 지속가능경영보고서 발간
	SASB (지속 가능 회계 기준위원회)	2011	'미국 증권거래위원회(SEC)'에 제출할 기업의 비재무 평가 지표 개발을 위해 설립	지속 가능성 보고에서 재무적 성과와 연계된 ESG 요소를 중심으로 간결한 세부 지침 제공
	Un SDGs (지속 가능 발전 목표)	2015	지속 가능 발전의 이념을 실현하기 위한 인류 공동의 17개 목표	유니레버, 파타고니아 등 지속 가능 경영 선두 주자들은 목표 설정에서 이 지표를 활용
	GSIA (글로벌 지속 가능 투자연합)	2014	유럽, 호주, 캐나다, 영국, 미국, 일본, 네덜란드의 지속가능투자연합 기관들이 설립한 조직	ESG 투자 방법론을 일곱 가지로 제시, '포지티브 스크리닝' 방식이 주류로 자리매김
인권	RBA (책임 있는 기업 연합)	2004	글로벌 전자 산업 분야의 이니셔티브	삼성전자, 삼성디스플레이, 애플, 인텔 등 160여 개 회원사 및 공급망에서 지정된 규범 이행

GRI(Global Reporting Initiative, 글로벌 보고 이니셔티브)는 2000년부터 지속가능 보고서 작성을 위한 가이드라인을 제공해왔다. GRI는 경제, 사회, 환경 측면에서 포괄적인 지표를 제시하여 다양한 산업 분야의 기업들이 활용할 수 있도록 했다.

SASB(Sustainability Accounting Standards Board, 지속 가능성 회계 기준 위원회)는 산업별로 중요한 지속 가능성 요소를 정의하고 이에 대한 보고 표준을 제공하였다. SASB의 접근은 각 산업의 특성을 반영한 맞춤형 지표를 제시했다는 점에서 의미가 있다.

TCFD(Task Force on Climate-related Financial Disclosures, 기후 관련 재무정보 공개 협의체)는 기후 변화와 관련된 재무적 영향을 평가하고 보고하기 위한 가이드라인을 제공하였다. 기후 변화 리스크에 대한 기업의 대응을 투자자들에게 공개하도록 하는 데 초점을 맞추고 있다.

UN SDGs(Sustainable Development Goals, 유엔 지속가능발전목표)는 지속 가능한 발전을 위한 17개 글로벌 목표를 제시하였다. 기업들은 이를 바탕으로 자사의 ESG 전략과 목표를 수립할 수 있다.

RBA(Responsible Business Alliance, 책임 있는 기업 연합)는 2004년 공급망 내 기업들이 사회적, 환경적, 윤리적 행동규범을 수립하기 위해 설립한 비영리단체다. 설립 당시 8개의 전자 산업 기업이 주도했으며 전자 제품을 제조, 판매하는 회사들로 하여금 공급망 내 근로자들의 권리를 보호하고 지역 사회에 기여하기 위해 행동 규범을 마련했다.

이러한 글로벌 이니셔티브들은 각각의 특성을 가지고 있었지만, 공통적으로 기업의 지속 가능성과 ESG 성과를 체계적으로 관리하고 공개하도록 하는 데 기여하였다. 기업들은 이러한 가이드라인을 활용하여 자사의 ESG 경영 수준을 글로벌 기준에 맞추고, 이해관계자들과의 소통을 강화할 수 있게 되었다.

ESG 지표의 숨은 코드

– 기업 성과의 가치를 측정하는 비밀

ESG 지표는 기업의 지속 가능성과 장기적 가치를 평가하는 중요한 도구로 자리 잡았다. 이는 환경(Environmental), 사회(Social), 지배구조(Governance)의 세 가지 주요 영역으로 구분되어 있다(표 1-8, Box 1-2).

표 1-8. K-ESG 가이드라인 기본 진단 항목 체계(4개 영역, 27개 범주, 61개 기본 진단 항목)

영역	범주	진단 항목
정보공시 (P) (5개 문항)	정보공시 형식	ESG 정보공시 방식
		ESG 정보공시 주기
		ESG 정보공시 범위
	정보공시 내용	ESG 핵심 이슈 및 KPI
	정보공시 검증	ESG 정보공시 검증
환경 (E) (17개 문항)	환경경영 목표	환경경영 목표 수립
		환경경영 추진 체계
	원부자재	원부자재 사용량
		재생 원부자재 비율
	온실가스	온실가스 배출량(Scope1 & Scope2)
		온실가스 배출량(Scope3)
		온실가스 배출량 검증
	에너지	에너지 사용량
		재생에너지 사용 비율
	용수	용수 사용량
		재사용 용수 비율
	폐기물	폐기물 배출량
		폐기물 재활용 비율

(계속)

영역	범주	진단 항목
	오염물질	대기오염물질 배출량
		수질오염물질 배출량
	환경 법/규제 위반	환경 법/규제 위반
	환경 라벨링	친환경 인증 제품 및 서비스 비율
사회 (S) (22개 문항)	목표	목표 수립 및 공지
	노동	신규 채용 및 고용 유지
		정규직 비율
		자발적 이직률
		교육훈련비
		복리후생비
		결사의 자유 보장
	다양성 및 양성평등	여성 구성원 비율
		여성 급여 비율(평균 급여액 대비)
		장애인 고용률
	산업안전	안전보건 추진 체계
		산업재해율
	인권	인권정책 수립
		인권 리스크 평가
	동반성장	협력사 ESG 경영
		협력사 ESG 지원
		협력사 ESG 협약사항
	지역 사회	전략적 사회 공헌
		구성원 봉사 참여
	정보 보호	정보 보호 시스템 구축
		개인 정보 침해 및 구제
	사회 법/규제 위반	사회 법/규제 위반

(계속)

영역	범주	진단 항목
지배구조 (G) (17개 문항)	이사회 구성	이사회 내 ESG 안건 상정
		사외이사 비율
		대표이사 이사회 의장 분리
		이사회 성별 다양성
		사외이사 전문성
	이사회 활동	전체 이사 출석률
		사내이사 출석률
		이사회 산하 위원회
		이사회 안건 처리
	주주권리	주주총회 소집 공고
		주주총회 집중일 이외 개최
		집중/전자/서면 투표제
		배당정책 및 이행
	윤리경영	윤리규범 위반사항 공시
	감사기구	내부감사부서 설치
		감사기구 전문성(감사기구 내 회계/재무 전문가)
	지배구조 법/규제 위반	지배구조 법/규제 위반

(출처: 산업통산자원부, 한국생산성본부)

Box 1-2

온실가스 프로토콜에 의해 정의된 탄소 배출의 분류

Scope1(탄소중립 범위 1, 직접 배출): 기업이 소유하거나 통제하는 출처에서 발생하는 직접적인 온실가스 배출을 의미한다. (예: 기업 내 보일러, 발전기 등의 장비에서 연료를 태우면서 발생하는 배출)

Scope2(탄소중립 범위 2, 간접 배출): 구매한 전기, 증기, 열 또는 냉기로부터 발생하는 간접 온실가스 배출을 나타낸다. (예: 기업이 운영에 사용하는 전기, 건물에 사용하는 열 또는 냉기를 위한 간접배출)

Scope3(탄소중립 범위 3, 기타 간접 배출): 기업의 가치사슬에서 발생하는 모든 기타 간접 온실가스 배출을 포함한다. 이는 공급망과 관련된 활동이나 제품의 수명 주기에서 비롯된 배출을 포함한다. (예: 제품을 생산하고 공급하는 과정에서 발생하는 배출, 직원의 출장이나 통근에서 발생하는 배출)

환경 지표는 기업이 자연환경에 미치는 영향을 평가하며 기후 변화 대응, 효율적 자원 사용, 폐기물 관리, 오염 방지 등을 포함하고 있다. 주요 평가 항목으로는 탄소 배출량, 에너지 효율성, 자원 사용, 폐기물 관리 등이 있다(그림 1-22).

<table>
<tr><td rowspan="2">구분</td><td>분류번호</td><td>영역</td><td>범주</td></tr>
<tr><td>E-6-1</td><td>환경</td><td>폐기물</td></tr>
<tr><td>항목</td><td colspan="3">폐기물 배출량</td></tr>
<tr><td>항목 설명</td><td colspan="3">• 조직이 소유, 관리, 통제하는 물리적 경계(사업장 등) 내에서 사업 및 영업 활동 (예: 연구개발, 제품 생산/가공/포장 등 포함, 소비자가 사용 이후 폐기한 폐제품은 제외)에 따라 발생하는 폐기물을 저감하고 있는지 확인
• 조직 간 규모 차이(매출액, 생산량 등) 또는 각 조직의 사업 변동(구조조정, 인수합병 등)을 고려하여 상대적 비교 가능성 높은 '원단위' 개념을 기반으로 폐기물 배출량 점검</td></tr>
<tr><td>성과 점검</td><td colspan="3">조직의 직전 1개년의 원단위 폐기물 배출량이 산업 평균 미만인지, 지난 5개년간 원단위 폐기물 배출량이 저감 추세에 있는지 측정

[데이터 원천] '조직별 홈페이지'상 지속가능경영보고서, '한국환경공단' > 자원순환정보시스템 > 연도별 전국 폐기물 발생 및 처리 현황
[데이터 기간] 최근 5개 회계 연도
[데이터 범위] 국내외 사업장 및 기타 연결 실체
[데이터 산식] 원단위 폐기물 배출량 = 총 폐기물 배출량 / 원단위 활용 분모</td></tr>
<tr><td>점검 기준</td><td colspan="3">현재 수준 (1/2)
1단계: 직전 1개년 원단위 폐기물이 당해년도 산업 평균 초과
2단계: 직전 1개년 원단위 폐기물이 당해년도 산업 평균 동일
3단계: 직전 1개년 원단위 폐기물이 당해년도 산업 평균 미만

추세 (1/2)
1단계: 지난 5개년 원단위 폐기물이 증가 추세
2단계: 지난 5개년 원단위 폐기물이 변동 없음
3단계: 지난 5개년 원단위 폐기물이 감소 추세

* 원단위 폐기물 배출량을 관리하지 않고 있는 경우 0점 적용

점검 기준 적용방안(단계형)
* 2개 영역의 단계별 점수 산출 후, 가중평균을 구해 해당 항목의 점수로 산출
= 현재 수준 점검 기준에 따른 점수 × 1/2 + 추세 점검 기준에 따른 점수 × 1/2

1단계: 0점 / 2단계: 50점 / 3단계: 100점</td></tr>
</table>

그림 1-22. ESG 환경 지표 (출처: 산업통산자원부, 한국생산성본부. K-ESG 가이드라인)

사회 지표는 기업의 사회적 책임과 다양한 이해관계자들과의 관계를 평가하는 것이다. 이해관계자는 기업과 이해관계를 갖는 개인이나 그룹으로, 주주나 채권자 이외에도 직원, 소비자, 협력업체 등 회사의 활동과 관련된 모든 관계자를 말한다. 여기에는 고용 조건, 사회적 기여, 제품의 안전과 품질, 개인 정보 보호 및 데이터 보안 등이 포함되어 있다(그림 1-23).

<table>
<tr><td rowspan="2">구분</td><td>분류번호</td><td>영역</td><td colspan="3">범주</td></tr>
<tr><td>S-2-2</td><td>사회</td><td colspan="3">노동</td></tr>
<tr><td>항목</td><td colspan="5">정규직 비율</td></tr>
<tr><td>항목 설명</td><td colspan="5">• 정규직 근로자의 비율 확대가 조직과 사회의 지속 가능성에 긍정적 영향을 미친다는 가정하에 조직이 정규직 확대를 통해 지역사회의 고용안정성 증가와 비정규직 근로자 문제에 기여하고 있는 정도 확인
• 조직의 전체 인력 대비 정규직 비율 점검</td></tr>
<tr><td>성과 점검</td><td colspan="5">국내·외 모든 사업장을 기준으로 정규직 비율 확인

[데이터 원천] '전자공시시스템'상 사업보고서, '조직별 홈페이지'상 지속가능경영보고서
[데이터 기간] 직전 회계 연도
[데이터 범위] 국내 및 해외 사업장
[데이터 산식] 정규직 비율 = (해당 연도 말 기준 총 근로자 수 − 한시적 근로자 또는 기간제 근로자 − 단시간 근로자 − 파견·용역·호출 등의 형태로 종사하는 근로자) / 해당 연도 말 기준 총 근로자 수</td></tr>
<tr><td rowspan="9">점검 기준</td><td>1단계</td><td colspan="4">한시적 근로자, 기간제 근로자, 단시간 근로자, 파견·용역·호출 등의 형태로 종사하는 근로자 현황이 관리되지 않는 경우</td></tr>
<tr><td>2단계</td><td colspan="4">조직의 정규직 비율이 40% 이하인 경우</td></tr>
<tr><td>3단계</td><td colspan="4">조직의 정규직 비율이 40% 초과 60% 이하인 경우</td></tr>
<tr><td>4단계</td><td colspan="4">조직의 정규직 비율이 60% 초과 80% 이하인 경우</td></tr>
<tr><td>5단계</td><td colspan="4">조직의 정규직 비율이 80%를 초과하는 경우</td></tr>
<tr><td colspan="5">점검 기준 적용방안(단계형)</td></tr>
<tr><td>1단계</td><td>2단계</td><td>3단계</td><td>4단계</td><td>5단계</td></tr>
<tr><td>0점</td><td>25점</td><td>50점</td><td>75점</td><td>100점</td></tr>
</table>

그림 1-23. ESG 사회 지표 (출처: 산업통산자원부, 한국생산성본부. K-ESG 가이드라인)

지배구조 지표는 기업의 운영 방식과 이해관계자들과의 관계를 규제하는 정책 및 절차의 효율성을 평가하는 것이다. 이사회 구성 및 기능, 위험 관리, 준법 감시 및 내부 통제, 반부패 및 투명성 등이 주요 평가 항목이다(그림 1-24).

구분	분류번호	영역	범주
	G-5-1	지배구조	감사기구
항목	내부감사부서 설치		
항목 설명	• 조직의 재무, 회계, 감사 관련 부정 사안, 기타 내부 통제 관련 현안 등을 상시적으로 점검하고, 중요한 의사결정사항 및 관련 정보를 감사위원회에 보고하는 거버넌스 체계가 구축되어 있는지 확인 • 조직이 내부감사부서를 두고 있는지, 내부감사부서의 독립성, 책임과 역할을 명확히 규정하고 있는지 점검		
성과 점검	조직의 감사위원회가 효율적인 역할을 수행할 수 있도록, 독립적인 내부감사부서 설치, 감사위원회를 지원하는 부서 및 업무분장을 명확하게 지정하고 있는지 측정 **[데이터 원천]** 내부감사부서 등 조직도 및 업무분장 **[데이터 기간]** 직전 회계 연도 **[데이터 범위]** N/A **[데이터 산식]** N/A		
점검 기준	**1단계**	독립된 내부감사부서를 두고 있지 않거나, 감사 관련 업무를 수행하는 부서 또는 업무분장을 두고 있지 않는 경우	
	2단계	독립된 내부감사부서를 두고 있지 않으나, 감사 관련 업무를 수행하는 기타 부서 및 업무분장이 있는 경우	
	3단계	독립된 내부감사부서를 두고 있으나, 내부감사부서의 업무분장 등에 감사위원회 업무지원과 관련한 내용을 명시하지 않은 경우	
	4단계	독립된 내부감사부서를 두고 있으며, 내부감사부서의 업무분장 등에 감사위원회 업무지원과 관련한 내용을 명시한 경우	
	5단계	내부감사부서를 두고 있으며, 조직과 독립적으로 감사위원회 지원 역할을 수행하는 별도 전담부서(또는 업무분장)를 두고 있는 경우	

점검 기준 적용방안(선택형)

1단계	2단계	3단계	4단계	5단계
0점	25점	50점	75점	100점

그림 1-24. ESG 지배구조 지표 (출처: 산업통산자원부, 한국생산성본부, K-ESG 가이드라인)

이러한 ESG 지표들은 투자자들이 기업의 지속 가능한 가치를 측정하고 장기적인 재무 성과를 예측하는 데에 중요한 도구로 사용되고 있다. 또한 기업들은 이 지표들을 바탕으로 자사의 지속 가능성 목표를 설정하고 개선 방안을 모색하고 있다.

ESG 평가에는 아직 몇 가지 문제점이 존재한다. 기업별로 ESG 관련 정보의 공시 내용과 수준이 상이하여 상호 비교 가능성과 신뢰성이 떨어질 수 있다는 점, ESG 평가와 관련된 비용 부담이 증가하여 오히려 기업 가치에 부정적인 영향을 미칠 수 있다는 점 등이 지적된다.

그럼에도 ESG는 여전히 기업의 장기적 가치와 지속 가능성을 평가하는 중요한 기준으로 자리 잡고 있다. 따라서 기업들은 ESG 경영을 통해 지속 가능한 성장을 추구하고, 투자자들의 신뢰를 얻기 위해 노력해야 하는 상황에 직면해 있다.

ESG 신용등급의 비밀

– 국내·외 평가 기관들의 기준 해부

국내·외 ESG 신용등급 평가 기관들은 기업의 환경, 사회, 지배구조 성과를 평가하는 중요한 역할을 한다.

우리나라에서는 한국기업지배구조원(KCGS)과 한국신용평가(Korea Investors Service; KIS)가 대표적인 평가 기관으로 자리 잡고 있다. 한국기업지배구조원은 우리 기업들의 지배구조와 사회적 책임을 평가하여 기업들에게 개선 방향을 제시하고 투자자들에게 중요한 정보를 제공한다. 한국신용평가는 ESG 관련 리스크를 분석하고 평가하는 서비스를 통해 기업의 신용등급에 영향을 미치며, 투자자들의 지속 가능한 투자 결정을 지원한다.

국제적으로는 MSCI ESG Research, Sustainalytics, FTSE Russell 등이 주요 평가 기관으로 활동하고 있다. MSCI ESG Research는 글로벌 기업들의 ESG 성과를 평가하는 선도적 기관으로, 전 세계 수천 개 기업에 대한 평가를 제공한다. Sustainalytics는 ESG 위험 평가에 중점을 두어 투자자들이 잠재적 위험을 이해하고 관리하는 데 도움을 주고 있다. FTSE Russell은 FTSE4Good 지수를 통해 ESG 성과가 우수한 기업들을 선별하고, 지속 가능한 비즈니스 관행을 촉진하기 위한 기준을 설정하고 있다.

이러한 평가 기관들은 각기 고유한 지표와 방법론을 사용하여 ESG 평가를 수행한다. 그 결과는 기업들이 자신의 지속 가능성 목표를 평가하고 개선하는 데 활용되며, 동시에 투자자들의 의사 결정에 중요한 기준이 된다. 이를 통해 ESG 평가 기관들은 기업의 지속 가능한 발전과 책임 있는 투자를 촉진하는 핵심적인 역할을 수행한다(그림 1-25).

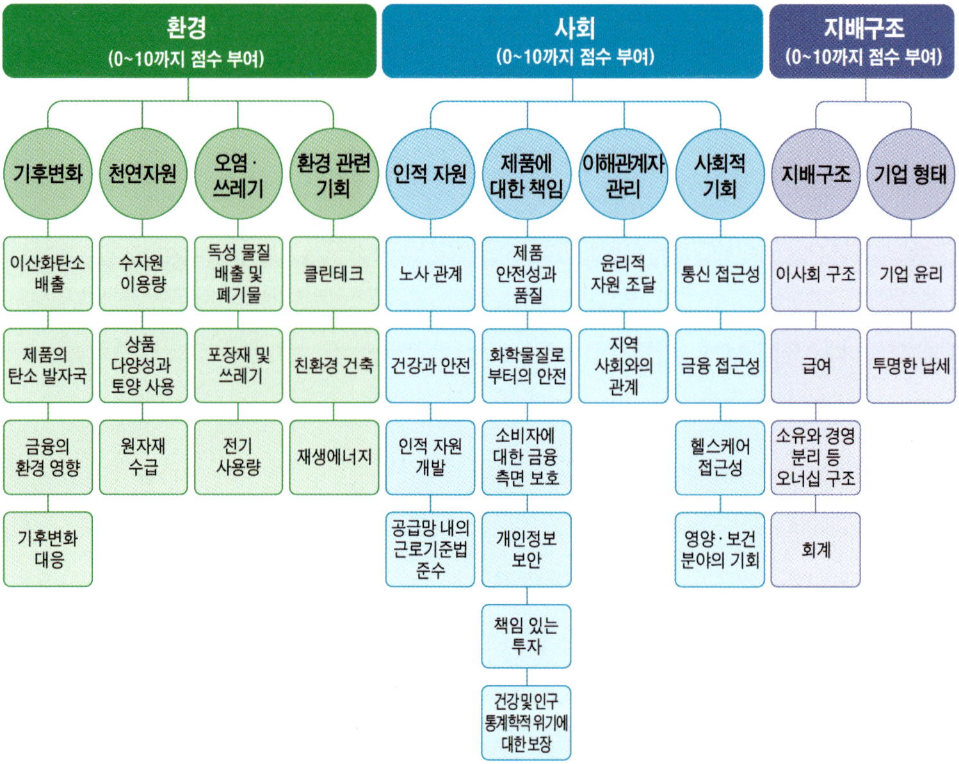

그림 1-25. MSCI ESG 평가 기준(35개) (출처: MSCI 홈페이지)

지속가능보고서 & ESG 보고서 작성의 정석

– 성공적인 보고서 작성을 위한 가이드

지속가능보고서와 ESG 보고서를 작성할 때, 글로벌 이니셔티브 혹은 K-ESG 가이드라인을 따르는 방법은 다음과 같다.

먼저, 기업은 자사의 특성과 산업 분야에 적합한 글로벌 이니셔티브나 K-ESG 가이드라인을 선택한다. 대표적인 글로벌 이니셔티브로는 GRI, SASB, TCFD 등이 있다. K-ESG 가이드라인은 국내 기업의 특성을 반영한 한국형 ESG 기준이다. 적절한 기준을 선택한 후에는 해당 프레임워크의 요구사항을 철저히 파악해야 한다.

다음으로, 선택한 프레임워크에 따라 기업의 ESG 관련 데이터를 수집하고 분석한다. 환경, 사회, 지배구조 각 영역에 대한 정보를 체계적으로 정리하며, 필요한 경우 추가적인 데이터 수집 과정을 거친다. 이 과정에서는 여러 부서의 협력이 필요하며, 따라서 ESG 전담 조직이나 TF팀 구성이 효과적이다.

보고서 작성 시에는 선택한 프레임워크의 공시 요구사항을 충실히 따르고, 기업의 특성과 상황에 맞게 내용을 구성한다. 단순한 데이터 나열이 아닌, 기업의 ESG 전략과 성과, 미래 계획 등을 균형 있게 서술해야 한다. 또한 이해관계자들의 관심사를 반영하여 중요성 평가를 실시하고, 그 결과를 보고서에 포함시키는 것이 좋다.

작성된 보고서는 내부 검토와 외부 전문가의 검증을 거쳐 신뢰성을 확보해야 한다. 특히 K-ESG 가이드라인을 따르는 경우 공인된 기관의 검증을 받는 것이 권장된다. 완성된 보고서는 기업 홈페이지, 주주총회, 투자설명회 등 다양한 채널을 통해 이해관계자에게 공개된다.

보고서 작성은 일회성 이벤트가 아닌 지속적인 과정이라는 점을 인식해야 한다. 매년 보고서를 발간하면서 전년도 성과를 분석하고, 개선점을 찾아 다음 해의 ESG 전략에 반영하는 선순환 구조를 만들어야 한다. 이를 통해 기업은 ESG 경영을 고도화하고, 장기적으로 기업 가치를 제고할 수 있다.

마지막으로, ESG 보고서 작성은 단순한 의무사항이 아닌 기업의 지속 가능한 성장을 위한 중요한 도구라는 인식이 필요하다. 글로벌 이니셔티브나 K-ESG 가이드라인을 따르는 것은 국제 표준에 부합하는 ESG 경영을 실천하고 있음을 대외적으로 입증하는 기회가 된다.

이는 기업의 평판 향상과 투자 유치에 긍정적인 영향을 미칠 수 있다(그림 1-26, 1-27).

그림 1-26. 지속가능경영보고서 작성·공개 절차 (출처: 한국거래소)

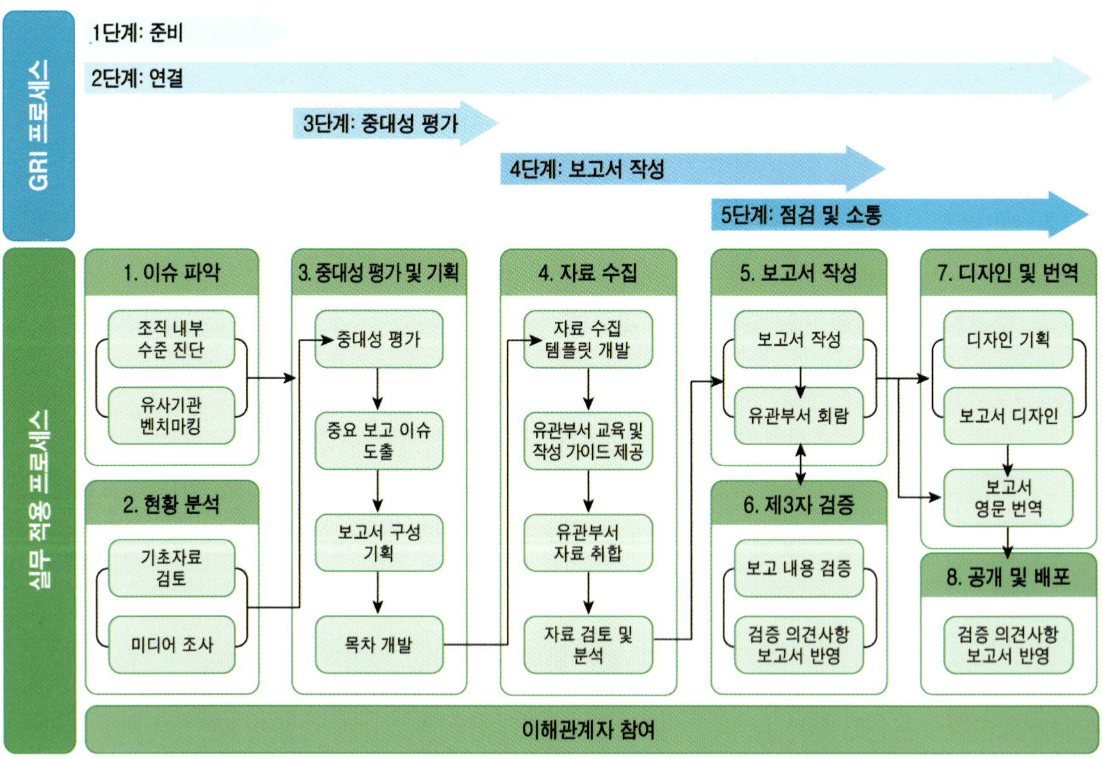

그림 1-27. 지속가능경영보고서 작성 및 공개 절차 단계별 검토 사항 (출처: 한국표준협회)

제 2 장

의료계의 ESG 해부학

현대 의료 환경에서 의료기관의 역할이 크게 변화하고 있다. 이제 의료기관은 단순히 환자를 치료하는 곳을 넘어, 환경 보호, 사회적 책임, 투명한 의사 결정을 통해 지역 사회에 기여하는 중심 역할을 하고 있다. ESG는 이러한 변화를 이끄는 중요한 촉매제가 되고 있다. “우리는 얼마나 잘 치료하나?”뿐만 아니라 “우리는 얼마나 잘 기여하나?”를 묻는 것이다. 이는 단지 질병을 치료하는 장소가 아니라, 지속 가능한 사회의 일원으로서의 의료기관 역할을 강조한다(그림 2-1).

그림 2-1. 의료계의 ESG 요소

이러한 변화는 단순히 의료기관 내부의 개선에 그치지 않는다. 의료기관은 지속 가능하고, 안전하며, 사회적으로 책임 있는 방식으로 운영되어야 하며, 이는 지역 사회 전체의 건강으로 직접 확장 연결된다. 따라서 의료기관은 자신들이 위치한 지역 사회의 일원으로서 활발히 참여하며, 건강한 삶을 영위할 수 있는 환경을 조성하는 데 기여한다. 이 모든 활동은 ESG 원칙에 기반을 두고 있으며, 의료기관이 어떻게 지속 가능한 미래를 향해 나아가야 할지를 보여 준다.

2022년 11월 한국보건산업진흥원의 '국내 · 외 의료기관의 ESG 동향 및 시사점' 보고서에 따르면, 의료기관의 ESG 경영에 대한 인식과 실천이 점차 확산되고 있다. 2022년 실시된 '국제의료사업을 추진 중인 국내 의료기관의 인식도 및 경영 현황' 설문조사에서 국제의료사업 업무를 담당하고 있는 의료기관 종사자들의 85.1%가 ESG 개념에 대해 어느 정도 알고 있다고 응답했으며(그림 2-2), 58.6%가 ESG가 의료기관 운영에 중요하다고 인식하고 있었다(그림 2-3).

구분	응답	백분율
전혀 알지 못함	47	5.4%
알지 못함	83	9.5%
어느 정도 알고 있음	474	54.0%
잘 알고 있음	273	31.1%
매우 잘 알고 있음	0	0.0%
합 계	**877**	**100.0%**

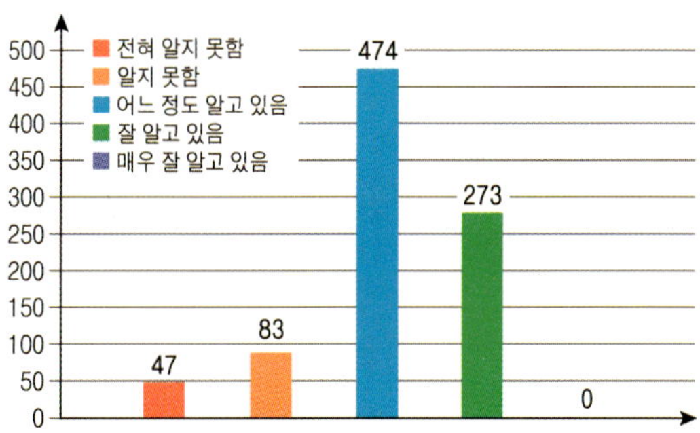

그림 2-2. ESG 인식도 (출처: 한국보건산업진흥원)

구분	응답	백분율
전혀 중요하지 않음	21	2.4%
그다지 중요하지 않음	62	7.1%
보통	280	31.9%
다소 중요	367	41.8%
매우 중요	147	16.8%
합 계	**877**	**100.0%**

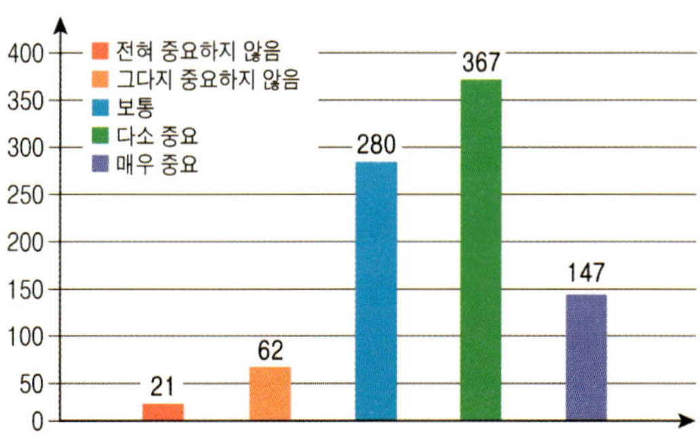

그림 2-3. ESG 중요도에 대한 인식 (출처: 한국보건산업진흥원)

ESG 경영의 중요성에 대해 긍정적으로 응답한 이들 중 43.2%는 경영성과에 긍정적 효과가 있다고 보았으며, 36%는 환자 및 협력사의 인식 변화에 도움이 된다고 답했다(그림 2-4).

구분	응답	백분율
경영성과 긍정적 효과 발생	222	43.2%
환자 및 협력사의 인식 변화	185	36.0%
임직원의 조직 몰입도 및 만족도 증가	107	20.8%
기타	0	0.0%
합 계	**514**	**100.0%**

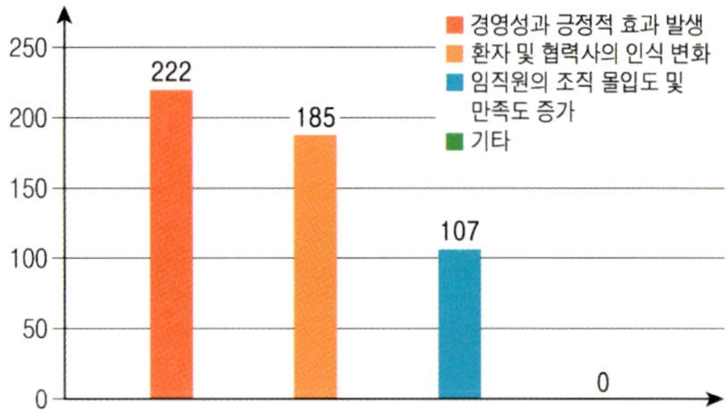

그림 2-4. ESG가 중요한 이유 (출처: 한국보건산업진흥원)

의료기관에서는 환경(62.0%), 사회(58.6%), 지배구조(48.7%)순으로 ESG 각 분야의 중요성을 인식하고 있었다. ESG 관련 우선 대응 과제로는 경영진 및 임직원의 인식 개선(24.4%), 협력업체 ESG 리스크 및 성과 관리(23.8%), ESG 관련 규제 및 정책 대응(20.3%) 등이 꼽혔다(그림 2-5). 실제 ESG 활동으로는 일회용품 줄이기(26.6%), 의료폐기물 줄이기(25.9%), 식당 잔반 줄이기(21.3%) 등 환경 관련 활동이 주를 이루고 있었다.

구분	응답	백분율
ESG로 인한 이미지 및 평판 관리	187	14.8%
경영진 및 임직원의 인식 개선	309	24.4%
협력업체(공급망) ESG 리스크 및 성과 관리 협력	301	23.8%
국내·외 ESG 관련 규제 및 정부정책 선제 대응	256	20.3%
해외 협력기관의 ESG 요구 대응(사업 확대 및 신사업 창출)	104	8.2%
지역사회 및 시민단체 등과 협력	107	8.5%
합 계	**1,264**	**100.0%**

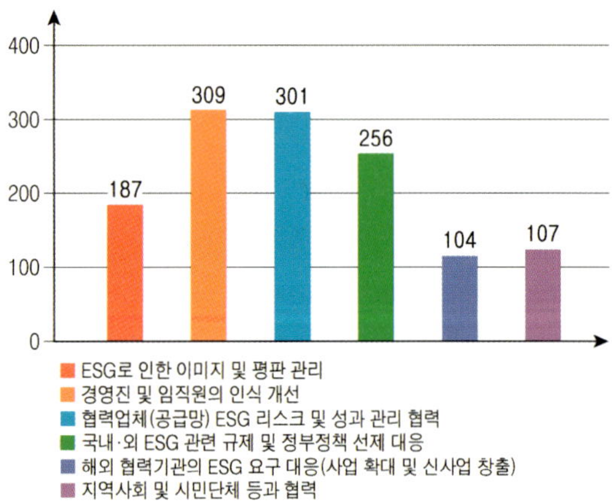

그림 2-5. ESG 관련 우선적으로 대응해야 할 가장 중요한 이슈(복수 응답 가능) (출처: 한국보건산업진흥원)

의료기관이 ESG 경영을 추진하는 주된 이유로는 소비자 및 지역 사회 요구(25.8%), ESG 관련 언론보도 확산(18.8%), 경쟁 의료기관의 ESG 활동(16.6%) 등이 있었다. ESG 경영 활성화를 위해 필요한 사항으로는 경영진 및 임직원 인식 개선(26.8%), ESG 정보 공개 표준화(24.1%), ESG 관련 역량 강화를 위한 교육(23.0%) 등이 있었다(그림 2-6).

구분	응답	백분율
경영진 및 임직원 인식 개선	235	26.8%
ESG 관련 역량 강화를 위한 교육	202	23.0%
ESG 정보 공개 표준화	211	24.1%
ESG 평가 지표 및 기준 통합	131	14.9%
ESG 도입 및 추진에 관한 구체적 방법론 확산	98	11.2%
합 계	**877**	**100.0%**

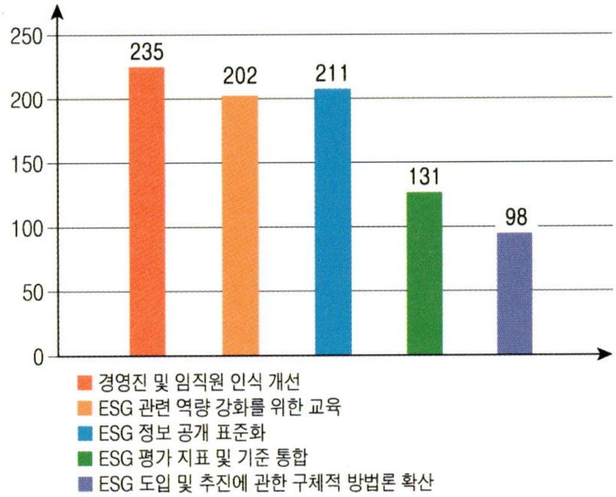

그림 2-6. ESG 경영 활성화를 위해 필요한 사항 (출처: 한국보건산업진흥원)

특히 국제의료사업을 수행하는 의료기관의 경우 53.8%가 해외 국가나 협력사로부터 ESG 관련 요구를 받은 경험이 있다고 답했으며(그림 2-7), 35%는 ESG 경영이 의료기관의 글로벌 경쟁력 강화에 도움이 된다고 인식하고 있었다.

구분	응답	백분율
예	472	53.8%
아니요	405	46.2%
합 계	**877**	**100.0%**

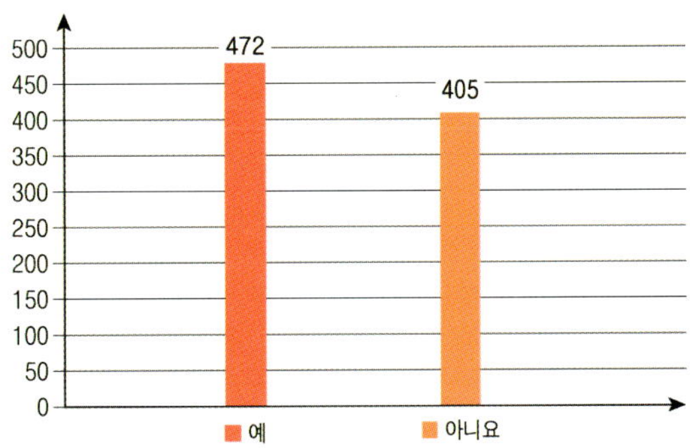

그림 2-7. 해외 국가 또는 글로벌 보험회사로부터 ESG 요구를 받은 경우 (출처: 한국보건산업진흥원)

이러한 결과는 의료기관의 ESG 경영이 아직 도입 단계에 있지만, 점차 중요성이 인식되고 있음을 보여 준다. 향후 의료기관의 ESG 경영 확산을 위해서는 경영진과 임직원의 인식 개선, ESG 관련 역량 강화를 위한 교육, ESG 정보 공개 표준화 등이 필요할 것으로 보인다. 이를 통해 의료기관은 지역 사회와 상생하며 지속 가능한 발전을 이루고, 국제 경쟁력도 강화할 수 있을 것으로 기대된다.

녹색 의료의 열 가지 비밀

환경을 개선하는 병원들의 숨겨진 전략

지속 가능한 의료기관으로 전환하려면 환경 개선과 혁신 추진이 필수적이다. 개선이 필요한 부분을 식별하고, 이를 위한 조치를 취해야 하며, 이 과정에서 혁신적인 기술의 도입, 운영 절차의 최적화, 직원 교육 및 역량 강화 등을 포함하여 지속 가능한 의료 환경을 강화할 수 있다. 특히, 의료기관은 다양한 환경적 목표를 달성하기 위해 에너지 사용 최적화, 자원 재활용, 탄소 배출 감소 등의 혁신을 도모해야 한다.

이러한 개선 활동의 대표적인 사례는 전 세계적으로 의료기관이 환경상, 건강상 해를 최소화할 수 있도록 돕는 비영리 단체인 HCWH(Health Care Without Harm)이다. 1996년에 설립된 HCWH는 의료 활동이 인간과 환경에 미치는 부정적인 영향을 줄이는 것을 목표로 하며, 지속 가능한 보건 관행을 촉진한다.

HCWH는 화학물질 사용 감소를 위해 의료 시설에서 유해 화학물질을 줄이고, 더 안전하고 건강한 대안을 사용하도록 권장한다. 이는 환자와 의료 종사자, 그리고 환경에 미치는 위험을 줄이는 데 중요한 역할을 한다. 또한 HCWH는 지속 가능한 의료 운영을 위해 에너지 효율성을 개선하고 재생 가능한 에너지를 채택하여 의료기관의 탄소 발자국(개인 또는 단체가 직·간접적으로 발생시키는 온실 기체의 총량)을 줄이는 것을 목표로 한다. 이러한 활동은 의료기관의 운영 최적화와 함께 의료 환경에서 발생하는 폐기물 관리 개선에도 기여한다.

이와 더불어 HCWH는 녹색 건축(에너지 절약과 환경 보전을 달성할 수 있게 설계·시공·운영·유지보수 후 해체까지 고려하고, 건물 사용자의 건강증진에 기여하는 건축)을 통해 지속 가능한 건축 방법과 재료를 사용하도록 장려한다. 이는 의료 시설의 에너지 소비를 줄이고, 실내 환경의 질을 개선하는 데 기여한다. 또한 HCWH는 공공 정책 및 옹호 활동을 통해 지속 가능한 보건 정책 개발을 지원하며, 정부 및 다른 조직과 협력하여 환경 정책에 대한 인식을 높이고 있다. 이를 통해 의료기관의 환경적 책임을 강화하고, 지속 가능한 운영을 촉진하는 중이다.

예를 들어, 미국 보스턴 메디컬 센터는 태양열로 생산한 전기를 사용해 에너지 비용을 2,500만 달러 줄였다. 클리블랜드 클리닉은 에너지 효율성 측면에서 국제 인증을 받은 15개의 건물을 통해 에너지 소비량을 19% 감소시켰고, 이로 인해 5,000만 달러를 아낄 수 있었다. 캐나다 맥길대학교 보건 센터도 에너지 효율성을 높여 최대 150만 달러의 비용을 줄였다. 전자 폐기물 재활용 프로그램을 통해 낡은 전자장비 52톤을 처리하였다.

이러한 활동 예를 기반으로 우리나라 의료기관의 지속 가능한 전환을 위한 환경 관련 주요 개선 사항을 제안한다.

에너지 스마트 병원

– 전기요금 걱정 없는 병원의 비밀병기

에너지 사용 최적화 및 재생에너지로의 전환이 필요하다. 병원은 24시간 동안 운영되며, 고비용, 고에너지 기기들이 많이 사용되기 때문에, 에너지 효율을 높이는 것이 중요하다. 병원 내 에너지를 줄이고 재생 가능한 에너지로 전환하기 위한 기술과 시스템 도입이 필요하다. 이는 병원이 기후 변화에 대응할 수 있는 탄력성을 갖추는 데 중요한 역할을 한다.

지능형 에너지 관리 시스템은 의료 시설의 에너지를 효과적으로 관리하여 소비를 줄이고 운영 비용을 절감하는 중요한 도구이다. 이 시스템은 병원의 에너지 패턴을 실시간으로 추적하고, 소비를 관리함으로써 전체적인 에너지 효율성을 향상시킨다. 병원은 많은 생명을 다루는 곳이므로, 전력의 안정성과 효율성을 최대화하는 것이 매우 중요하다. 환자의 안전을 보장하고 지속 가능한 의료 환경을 실현하기 위해, 이러한 시스템은 필수적인 역할을 한다.

슈나이더 일렉트릭(Schneider Electric)과 같은 기업들은 이 분야에서 중요한 역할을 한다. 슈나이더 일렉트릭은 그들의 지능형 전력 관리 솔루션을 통해 병원들이 전력 사용을 최적화하고 에너지 효율성을 증대시킬 수 있도록 지원한다. 이 회사는 전 세계 병원들과 협력하여 미래형 의료 환경을 구축하는 데 집중하고 있으며, 이는 전력 안정성, 비용 절감 그리고 환경 보호를 동시에 달성할 수 있게 해준다(그림 2-8).

그림 2-8. 슈나이더 일렉트릭의 스마트 패널(smart panel) 솔루션 (출처: 슈나이더 일렉트릭 홈페이지)

병원의 전력 사용 최적화는 대기 오염, 기후 변화, 플라스틱 폐기물과 같은 환경 문제에 대응하는 데에도 기여한다. 이러한 환경적 문제들은 전 세계적으로 인류의 건강에 심각한 위협을 가하고 있으며, 의료 시설의 환경 친화적인 운영은 이러한 문제를 완화하는데 중요한 역할을 한다. 지능형 에너지 관리 시스템의 사용은 병원이 더 지속 가능하고 효율적으로 운영될 수 있도록 하며, 결국은 더 많은 생명을 구하는 데 기여한다.

태양광 패널 및 풍력 터빈

– 자연의 힘을 이용하는 병원 에너지의 혁명

의료기관은 지붕이나 넓은 주차 공간에 태양광 패널을 설치하여, 전력 사용량의 상당 부분을 재생 가능한 에너지로 충당할 수 있다. 태양광 에너지는 전기 비용을 절감하고 에너지 공급의 신뢰성을 높이며 환경 보호에 기여한다. 예를 들어, 태양광 패널을 통해 생성된 에너지는 병원의 일상적인 운영에 필요한 전력을 제공하고, 남는 에너지는 전력망에 되팔아 추가 수익을 창출할 수 있다(그림 2-9).

그림 2-9. 한림대학교의료원 태양광 발전 설비 (출처: 한림대학교의료원 홈페이지)

의료기관이 위치한 지역의 특성에 맞게 소규모 풍력 터빈을 설치하여, 재생 가능한 에너지를 활용할 수 있다. 풍력 에너지는 지역 사회에 영향을 미치지 않고 에너지 수요를 부분적으로 충족할 수 있는 지속 가능한 자원이다. 이러한 시스템은 에너지 비용을 줄이고, 의료 시설이 환경적 책임을 실현하도록 기여한다. 햇빛이 많은 지역에서는 태양광, 바람이 많은 지역에서는 풍력 터빈이 더 효과적이다.

재생 가능한 에너지원에서 생성된 전력을 저장하는 배터리 저장 시스템을 도입함으로써, 의료기관은 에너지 사용을 보다 유연하게 관리할 수 있다. 에너지 수요가 높은 시간대에 저장된 전력을 사용하면, 전력망의 부하를 줄이고 전력 소비를 최적화하여 전체적인 에너지 효율성을 향상시킬 수 있다. 배터리 저장 시스템은 또한 전력 공급 중단 시 비상 전력원으로 활용할 수 있어, 의료 서비스의 연속성을 보장한다.

온실가스 감소

– 지구를 위한 병원의 작지만 강력한 발걸음

인간과 환경의 건강을 위해 의료 시설이 할 수 있는 가장 직접적인 방법은 온실가스 감축이다. 배출량을 줄이면 극단적인 날씨, 폭염, 해수면 상승 등으로 인한 인명 손실을 줄일 수 있다. 이로 인해 의료 서비스에 사용할 수 있는 자본은 늘어나게 된다.

보건의료산업은 전 세계 온실가스 배출량에서 상당한 지분을 차지한다. 2019년 Health Care Without Harm(위해 없는 의료) 단체의 'Health Care's Climate Footprint' 보고에 따르면 이 산업은 전 세계 탄소 배출량의 약 4.4%를 만들어내고 있는데, 514개 석탄화력 발전소의 배출량과 맞먹는 규모이다.

HCWH의 공동 설립자인 게리 코헨(Gary Cohen)은 화석연료 연소에 의한 대기 오염이 전 세계적으로 해마다 400만 명 이상의 목숨을 앗아가고 있으며, 이는 결핵, 말라리아, 에이즈로 인한 사망자 수를 합친 것보다 많다고 지적했다. 의료 분야는 환경적 영향을 줄이는 데 중요한 역할을 할 수 있다고 그는 강조했다.

병원에서 배출되는 온실가스는 이산화탄소 외에도 여러 가지가 있다. 수술실과 분만실에서 환자에게 사용된 흡입마취제는 인체 내에서 대사가 거의 되지 않은 상태에서 체외로 배출되고 있다. 배출된 흡입마취제는 병원의 가스 배출 시스템을 통해서 대기로 방출되고 매우 오랜 기간에 걸쳐 온실가스로서 지구 대기에 영향을 미치고 있다. 현재 병원에서 흔히 사용되는 흡입마취제가 대기 내에서 파괴되기까지 걸리는 대기 내 잔존기간은 데스플루레인 14년, 아이소플루레인 3.2년, 세보플루레인 1.1년, 아산화질소 114년이다. 온실가스가 특정 기간 동안 지구온난화에 미치는 영향을 측정하는 기준인 지구온난화지수(global warming potential; GWP)는 데스플루레인 2,540, 아이소플루레인 539, 세보플루레인 144, 아산화질소 273으로 온난화 잠재력이 이산화탄소보다 최대 2,000배 정도 크다. 흡입마취제로 인한 기후 변화의 피해를 줄이기 위해 GWP가 높은 마취제와 대기 잔존기간이 긴 마취제의 사용은 피하는 것이 좋다. 현재 일부 의료기관에서는 정맥 마취를 병행하여 마취 가스 사용을 줄이려는 노력을 기울이고 있으며, 기후 위기를 초래하지 않는 새로운 마취 가스의 개발이 필요하다는 요구도 제기되고 있다(표 2-1).

표 2-1. 흡입마취제별 환경 영향 요소 비교

MAC 흡입제	대기수명(연)	100년 지구온난화잠재력(GWP) (kg당, 1kg CO_2와 비교, $GWPCO_2=1$)
이소플루란 1.2%	3.6	539
세보플루란 2.2%	1.9	144
데스플루란 6.7%	14.0	2,540
60% 아산화질소(0.6MAC)	114.0	273

MAC=평균 폐포 농도

(출처: 미국 마취과학회)

친환경적인 건축 설계

– 벽돌 하나에서 시작하는 녹색 병원의 탄생

의료기관의 건물 증축과 인프라 개선을 통해 탄소 배출을 줄일 필요가 있다. 의료 시설에서 자연 채광을 최대화하고 고단열 건축 재료를 사용하여 에너지 소비를 줄일 수 있다. 이에 따라 병원은 에너지 효율을 높이고 온실가스를 줄일 수 있다. 특히, 친환경적인 건축 설계를 통해 병원의 난방 및 냉방 요구를 최소화할 수 있다. 자연 채광은 내부 조명에 필요한 전력 사용을 줄여주며, 단열 향상 자재는 외부 기후 조건으로부터 내부 환경을 보호하여 에너지 소모를 감소시키는 데 기여한다. 이러한 전략은 의료 시설의 운영 비용을 절감하고, 환경에 미치는 부정적인 영향을 줄이는 데 중요한 역할을 한다. 따라서 의료기관은 설계 초기부터 친환경 요소를 고려해 지속 가능한 환경을 조성해야 한다(그림 2-10).

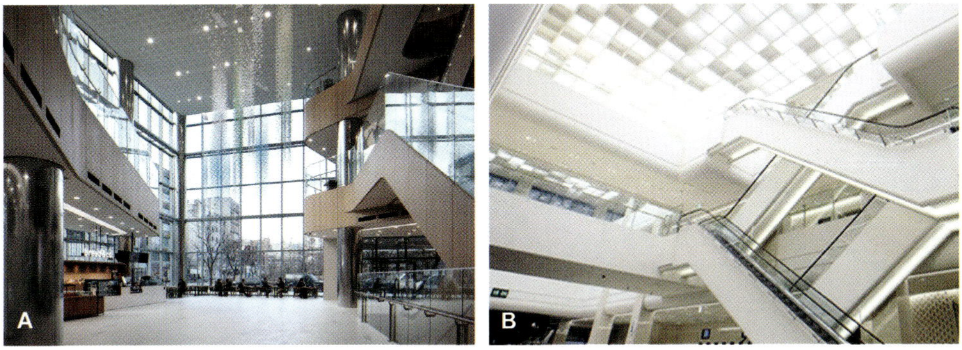

그림 2-10. 병원 자연 채광의 예. A, 메디플렉스 세종병원. B, 가톨릭대학교 은평성모병원. (출처: A, 세종병원 공식 블로그. B, 은평성모병원 홈페이지.)

의료 폐기물의 변신
– 쓰레기가 아닌 자원으로 재탄생하는 병원의 비밀

의료 폐기물의 적절한 관리가 환경 보호와 감염 예방에 필수적이다. COVID-19 팬데믹 이후 개인보호구를 포함하여 일회용 의료 소모품 사용량의 증가로 의료 폐기물 또한 급격히 증가하여 사회적 관심사로 떠올랐다.

대부분의 의료 폐기물은 전염성이 없으며, 일상생활에서 발생하는 폐기물과 큰 차이가 없다. 이로 인해 이러한 폐기물의 85%는 재사용 가능하거나 재활용이 가능하다. 따라서 의료기관은 재활용 가능한 폐기물과 감염성 폐기물을 명확하게 구분하여 처리하는 체계적인 시스템을 구축해야 한다. 이는 처리 비용을 절감하고 환경적 영향을 최소화하는 데 중요하다. 또한 최신의 폐기물 처리 기술을 도입하여 감염성 폐기물의 안전한 처리를 보장하고, 환경 오염을 방지해야 한다. 고온 증기 멸균기와 환경친화적인 화학물질을 이용하여 안전하게 처리해야 한다.

일회용 의료기구의 사용은 감염병 확산 방지에 중요한 역할을 하지만, 일회용 기구의 사용 후 적절한 처리가 이루어지지 않으면 환경에 심각한 피해를 주게 된다. 이에 따라, 의료기관은 사용한 일회용 기구를 적절히 처리하고, 가능한 경우 재사용 가능한 의료 기구를 도입하여 의료 폐기물 발생량을 줄여야 한다. 이로 인해 병원 비용을 절감하며 환자 간호 및 기타 중요한 의료 서비스에 더 많은 자원을 투자할 수 있게 한다.

종합적으로, 의료 폐기물 관리의 혁신은 단순한 비용 절감을 넘어 환경 보호와 보다 나은 환자 관리로 이어지며, 보건의료산업의 지속 가능한 미래를 위한 중요한 전략이 된다(표 2-2).

표 2-2. 의료 폐기물의 안전한 관리 및 처리를 위한 지침(환경부 폐자원관리과)

<table>
<tr><th colspan="2">구분</th><th>내용</th></tr>
<tr><td colspan="2">격리의료폐기물</td><td>'감염병의 예방 및 관리에 관한 법률' 제2조 제1호의 감염병으로부터 타인을 보호하기 위하여 격리된 사람에 대한 의료행위에서 발생한 일체의 폐기물</td></tr>
<tr><td rowspan="5">위해 의료 폐기물</td><td>조직물류폐기물</td><td>인체 또는 동물의 조직·장기·기관·신체의 일부, 동물의 사체, 혈액·고름 및 혈액생성물(혈청, 혈장, 혈액제제)</td></tr>
<tr><td>병리계폐기물</td><td>시험·검사 등에 사용된 배양액, 배양용기, 보관균주, 폐시험관, 슬라이드, 커버글라스, 폐배지, 폐장갑</td></tr>
<tr><td>손상성폐기물</td><td>주삿바늘, 봉합바늘, 수술용 칼날, 한방침, 치과용 침, 파손된 유리 재질의 시험기구</td></tr>
<tr><td>생물·화학폐기물</td><td>폐백신, 폐항암제, 폐화학치료제</td></tr>
<tr><td>혈액오염폐기물</td><td>폐혈액 백, 혈액투석 시 사용된 폐기물, 그 밖에 혈액이 유출될 정도로 포함되어 있어 특별한 관리가 필요한 폐기물</td></tr>
<tr><td colspan="2">일반의료폐기물</td><td>혈액·체액·분비물·배설물이 함유되어 있는 탈지면, 붕대, 거즈, 일회용 기저귀, 생리대, 일회용 주사기, 수액 세트</td></tr>
</table>

(출처: 환경부, 한국폐기물협회)

물 지키기 대작전
– 병원에서 시작된 물 절약의 혁명

의료기관에서의 물 자원 보호와 효율적인 사용은 환경 보호 전략의 핵심 요소이다. 이를 통해 물 재사용과 재활용, 누수 감지, 그리고 교육과 같은 다양한 방안을 개발하고 실행할 수 있다. 이러한 접근 방식은 의료 시설이 환경에 미치는 영향을 줄이면서 지속 가능한 운영을 할 수 있도록 한다.

물 재사용 시스템은 의료기관에서 핵심적 역할을 한다. 이 시스템을 통해 사용된 물은 필터링 및 정화 과정을 거쳐 다시 사용될 수 있다. 특히 이 물은 화장실이나 정원 관리와 같은 비위생적 용도로 재활용됨으로써 의료기관의 전체 물 사용량을 효과적으로 줄일 수 있다. 이는 자원을 지속 가능하게 활용하는 방식 중 하나로, 의료기관이 환경 보호에 기여하는 중요한 방법이다.

누수 감지 센서의 설치는 물 손실을 방지하고 의료 시설 내에서의 물 사용 효율을 증가시킨다. 이 기술은 의료기관 내 파이프라인 및 관련 인프라에서 발생할 수 있는 누수를 조기에 감지하고 대응할 수 있도록 해 준다. 결론적으로 물 낭비를 줄이고 운영 비용을 절감할 수 있는 이점이 있다. 물 사용 교육 프로그램은 의료 직원과 환자를 대상으로 실시된다. 이 프로그램은 수자원의 중요성과 보호 필요성에 대한 인식을 높이는 것을 목표로 한다. 또한 물을 절약하는 다양한 방법들을 교육함으로써 개인이 일상에서 실천할 수 있는 물 절약 기술을 알린다. 이런 교육은 의료기관 내에서뿐만 아니라 개인의 생활에서도 지속 가능한 물 사용 습관을 형성하는 데 도움을 준다.

이러한 전략들은 의료기관이 환경적 책임을 다하는 동시에 운영의 효율성을 높이는 데 기여한다. 물 재사용 시스템의 구축, 누수 감지 기술의 도입 그리고 교육 프로그램의 개발은 모두 의료기관이 자원을 보다 지속 가능하게 관리하고, 환경 보호를 위한 노력에 중요한 역할을 한다. 이는 물 자원을 지키는 작전이며, 각 의료기관이 환경 보호에 적극적으로 기여할 수 있는 방법이 된다.

녹색 구매의 나비 효과

– 작은 선택이 병원과 지구를 구한다

환경적으로 지속 가능한 구매는 의료기관에서 ESG 목표를 달성하기 위한 중요한 수단이다. 이를 통해 의료기관은 자신들의 환경 발자국을 줄이고 지역 사회 및 환경에 긍정적인 영향을 미치는 동시에, 지속 가능한 공급망을 구축할 수 있다. 지속 가능한 제품과 서비스를 선택하는 것은 친환경적인 결정을 넘어 경제적 이점을 제공하고, 의료기관의 운영 효율성을 높이는 데 기여한다. 여기에는 재활용 가능한 물질로 만들어진 의료 소모품이나 에너지 효율이 높은 의료기기의 선택이 포함된다. 병원이 재사용 가능하거나 재활용된 소모품을 선택하여 의료 폐기물의 양을 줄이고 환경에 미치는 부담을 감소시킨다.

공급업체에 대한 환경적, 사회적 기준 설정 및 평가는 지속 가능한 공급망을 구축하는 데 중요하다. 의료기관은 공급업체로부터 받는 제품과 서비스가 환경적으로 지속 가능하고, 사회적으로 책임 있는 방식으로 생산되었는지 확인해야 한다. 이 과정에서 공급업체는 정기적으로 평가받으며, 이 평가는 공급업체가 지속 가능한 방식으로 운영되고 있음을 보장하는 데 사용된다. 이러한 평가를 통해 의료기관은 자신의 ESG 목표에 부합하는 공급업체와만 거래해야 한다.

포장재 사용을 최소화하고 친환경 포장재를 사용하는 것은 의료기관이 환경 보호를 위해 취할 수 있는 또 다른 중요한 조치이다. 가능한 한 재활용이 용이하거나 생분해성이 높은 포장재를 사용함으로써, 의료기관은 폐기물의 양을 줄이고 환경 오염을 감소시킨다. 예를 들어, 대량 구매를 통해 포장 폐기물을 줄이거나, 플라스틱 대신 종이나 기타 생분해성 물질로 만들어진 포장재로 변경할 수 있다.

이러한 전략은 의료기관이 친환경적인 선택을 통해 지속 가능한 미래를 향해 나아가는 데 중요한 역할을 한다. '녹색 구매의 마법'은 단순히 제품을 선택하는 행위를 넘어서 환경 보호와 지속 가능한 운영을 도모하는 전략적 접근이 되었다. 이를 통해 의료기관은 자신의 영향력을 활용하여 공급망 전체를 변화시키고, 환경 보호에 기여할 수 있다.

숨 쉬는 병원

– 공기 질까지 생각하는 병원의 세심한 배려

환자와 직원의 건강을 보호하는 것은 모든 의료기관에 있어 최우선 과제이다. 특히, 실내 공기질 관리는 의료 시설에서 건강 증진과 질병 예방에 매우 중요하다. 의료기관 내에서 실시간으로 공기질을 모니터링하고, 고성능 필터를 사용하는 첨단 환기 시스템을 도입함으로써 실내 공기질을 효과적으로 개선할 수 있다.

의료기관은 실내 공기질 모니터링 시스템을 통해 공기의 오염 수준을 지속적으로 감시한다. 이 시스템은 오염 물질의 농도가 높아지면 즉각적인 경고를 제공하고, 필요한 조치를 취할 수 있도록 해 준다. 이는 특히 호흡기 질환을 앓고 있는 환자들에게 필수적이며, 모든 사용자의 건강을 보호하는 데 크게 기여한다.

의료 시설은 첨단 필터 환기 시스템으로 실내 공기 질을 크게 향상시킬 수 있다. 이 시스템은 공기 중의 미세먼지, 바이러스, 박테리아 등 유해 물질을 효과적으로 제거하고, 청정 공기를 공급한다. 또한 감염 위험을 줄이는 데 중요한 역할을 하며, 환자와 직원 모두에게 더 안전하고 쾌적한 환경을 제공한다.

즉 환경 보호를 위한 전략적 운용이 환자와 직원의 건강을 증진하는 데 중요한 역할을 하게 된다. 첨단 기술과 자연적 방법의 조화로운 사용은 의료 환경을 개선하고, 모든 이에게 더 나은 건강과 안전을 제공한다.

이동 경로 최적화 및 건강한 먹거리 체계

환자 이동 경로 최적화와 친환경 교통 도입을 통해 병원의 탄소 배출을 줄일 수 있다. 병원의 차량, 환자 이송 수단을 친환경으로 전환하고, 지역 사회와 협력하여 대중교통을 이용한 병원 접근성을 높이는 작업이 필요하다. 이로써 병원은 온실가스 배출을 줄이고, 환자 그리고 의료진의 건강 보호에 기여할 수 있다.

지속 가능한 식자재 구매를 통해 환자와 직원의 건강을 증진시키면서 환경에도 긍정적인 영향을 미친다. 기후 친화적인 농업을 지지하고, 병원 내 식단을 더욱 신선하며 건강한 식품으로 전환해야 한다. 이를 통해 병원은 환자 치료의 일환으로 식단 개선을 도모하고,

기후 변화에도 대응할 수 있다(그림 2-11).

그림 2-11. 한국인을 위한 식생활지침. 보건복지부는 농림축산식품부, 식품의약품안전처와 공동으로 국민의 건강하고 균형 잡힌 식생활을 위해 아홉 가지 권장 수칙을 제시하였다. (출처: 한국건강증진개발원 유튜브 채널)

녹색 정책의 바람

– 지속 가능한 의료를 향한 새로운 변화

지속 가능한 의료 환경 조성을 위한 정책과 규제의 중요성이 점점 더 강조되고 있다. 정부와 산업 표준 및 인증 프로그램의 도입과 의료기관 자체의 정책 개발은 모두 의료 서비스의 환경적 책임을 강화하고 지속 가능한 운영을 촉진하는 데 필수적이다.

국제적으로 인정받은 환경 관리 시스템, 예를 들어 ISO 14001과 같은 국제적 환경 관리 시스템을 도입하여 의료기관은 자신들의 환경적 영향을 체계적으로 관리할 수 있다. 이러한 시스템의 도입은 의료기관이 지속 가능한 운영 관행을 개발하고 유지하는 데 중요한 역할을 한다. 또한 환경 관리 시스템은 의료기관이 환경에 미치는 부정적인 영향을 줄이고, 지속 가능한 환경을 조성하는 데 기여한다.

의료기관은 지속 가능한 의료 관행에 대한 인증 프로그램에 참여함으로써, 환경 보호 및 자원 사용 최적화 노력을 인정받는다. 이러한 인증은 의료기관의 지속 가능성을 공식적으로 인정받는 수단이 되며, 이를 통해 환자 및 지역 사회로부터의 신뢰와 명성을 향상시킬 수 있다. 인증은 또한 의료기관이 경쟁력을 유지하고, 환경적 책임을 다하는 모범 사례를 선도하는 데 도움이 된다.

의료기관은 내부적으로 환경 보호 및 지속 가능성 정책을 개발하여 모든 직원에게 교육해야 한다. 강력한 내부 정책과 지속적인 교육은 직원들이 환경 보호에 적극적으로 기여하고, 의료기관의 지속 가능성 목표를 실현하는 데 중요한 역할을 한다. 직원들의 적극적인 참여는 환경적 책임을 실천하고, 환경 보호에 대한 인식을 높이는 데 기여한다.

사회를 치유하는 일곱 가지 처방전

모두가 건강한 세상을 위한 비법

사회적 책임은 의료기관이 환자의 건강뿐 아니라, 환자가 속한 커뮤니티의 안녕을 증진하는 데에도 초점을 맞추어야 한다는 것을 의미한다. 이는 모든 환자에게 공평하고 포괄적인 의료 접근을 제공함을 포함한다. 의료기관은 취약 계층과 소외된 그룹에 관심을 기울여 건강 불평등 해소 프로그램을 운영해야 한다. 또한 직원의 다양성과 포용성을 증진하고, 건강 교육과 예방 캠페인을 통해 커뮤니티의 건강을 개선하는 데 기여할 수 있다.

환자 안전 우선

– 병원의 가장 중요한 약속, 안전이 답

의료기관의 근본적인 목적은 환자의 생명을 보호하고 건강을 증진시키는 것이다. 이 사명을 실현하기 위해서는 환자 안전이 최우선으로 고려되어야 한다. 환자 안전은 의료 서비스의 질을 결정짓는 핵심 요소로, 의료기관이 지향해야 할 가장 중요한 가치 중 하나이다.

환자 안전은 의료 과정에서 예방 가능한 실수나 사고로부터 환자를 보호하는 것을 의미한다. 의료기관에서의 실수는 환자와 가족에게 회복할 수 없는 피해를 줄 수 있다. 따라서 의료기관은 환자 안전을 최우선으로 고려하며 모든 의료 활동을 계획하고 수행해야 한다. 환자 안전을 보장하기 위해서는 의료기관 내부에 안전 문화를 조성하는 것이 필수적이다. 의료진은 환자 안전을 최우선 가치로 인식하고, 이를 모든 활동과 절차에 반영해야 한다.

안전 문화의 핵심은 투명성과 개방성이다. 실수는 숨기기보다는 공개하여 같은 오류를 반복하지 않도록 하는 학습의 기회로 삼아야 한다.

위험 관리는 환자 안전을 보장하기 위한 핵심 요소이다. 의료기관은 잠재적 위험을 사전에 식별하고 평가하여 이에 대한 예방 조치를 세워야 한다. 이는 약물관리, 감염관리, 수술 전 확인 절차 등 다양한 분야에서 이루어질 수 있다. 예방 전략을 통해 의료 오류를 줄이고 환자 안전을 강화할 수 있다. 환자 안전을 강화하기 위해 의료진은 최신 의료 지식과 기술을 지속적으로 습득해야 한다. 교육과 훈련 프로그램을 통해 의료진은 환자 안전 관련 최신 정보를 학습하고, 실제 상황에서 이를 적용할 수 있는 능력을 키울 수 있다. 이는 의료 서비스의 질을 향상시키고 환자 만족도를 높이는 데 직접적으로 기여한다.

기술의 발전은 환자 안전을 향상시키는 데 크게 기여할 수 있다. 전자 의료 기록(EMR), 환자 모니터링, 자동화 약물 분배 시스템은 의료 실수를 줄이고 정보의 정확성을 높인다. 기술을 적극적으로 활용함으로써, 의료기관은 보다 안전하고 효과적인 환자 치료를 제공할 수 있다.

환자와의 효과적인 소통은 환자 안전을 높이는 데 중요한 역할을 한다. 의료진은 환자에게 진료 계획, 치료 방법, 잠재적 위험 등을 명확히 설명해야 하며, 환자의 질문에 충분히 답변하여 이해를 돕는다. 이렇게 하면 환자는 자신의 치료 과정에 더 적극적으로 참여할 수 있으며, 이는 결과적으로 치료의 성공률을 높이는 데 기여한다.

맞춤형 건강 관리의 신세계

– 개인에게 딱 맞춘 건강 솔루션

공동체와 직원의 건강 증진 및 환자 중심의 치료 모델 구현은 의료기관에서 사회적 책임을 실현하는 중요한 ESG 전략이다. 이 접근 방식은 환자와 그 가족의 요구와 선호를 중심으로 의료 서비스를 제공함으로써 환자의 만족도와 치료 결과를 긍정적으로 개선한다. 의료 결정 과정에서 환자 의견을 반영하는 것이 중요하다. 이는 환자가 자신의 치료계획과 진행 상황을 이해하고 참여할 수 있게 함으로써 치료 결과의 질을 향상시키는 데 기여한다. 기술은 환자 참여 포털과 모바일 앱을 통해 정보 접근성을 높이는 데 사용된다. 이 기술들은 환자의 의료 정보 접근을 용이하게 하고, 의료진과의 원활한 소통을 가능하게 하여 의사 결정 과정에서 환자의 적극적인 참여를 돕는다. 개인화된 의료 서비스 제공은 환자 각자의 특성에 맞춘 맞춤형 치료계획 제공으로, 환자의 건강 결과를 개선하고 만족도를 높인다는 연구 결과에 기반을 둔다. 긍정적인 치료 결과를 통해 환자 중심의 케어 모델을 채택한 의료기관에서는 환자의 만족도가 증가하고, 치료 결과가 개선되며, 재입원율이 감소하는 등의 긍정적인 변화가 나타난다. 이는 환자의 자기 관리 능력을 증진시키고 전반적인 치료 경험을 향상시킨다.

ESG의 사회적 측면 강화는 환자 중심의 치료가 단지 의료 서비스의 질을 높이는 것을 넘어서 공동체 전체의 웰빙을 증진하는 것을 목표로 하며, 의료기관이 사회적 책임을 실현하는 방식이다. 이러한 전략을 구현함으로써 의료기관은 환자의 요구와 선호를 우선시하고, 지속 가능하고 책임 있는 의료 서비스를 제공하며, 공동체 내에서 신뢰와 명성을 구축하게 된다.

행복한 직원, 건강한 병원

– 직원의 행복이 곧 환자의 건강

의료기관에서 직원의 건강과 복지 증진은 ESG의 사회적 책임 부문에서 중요한 전략이다. 이는 직원들의 신체적, 정신적 건강을 지원하기 위해 다양한 프로그램과 정책을 실행하는 것을 포함한다. 스트레스 관리 워크숍, 정기적인 건강 검진, 유연한 근무 시간의 제공, 심리 상담 지원 서비스, 그리고 피트니스 센터 할인 혜택과 같은 건강 증진 프로그램들이 직원들의 건강을 개선하고 직장 내 스트레스를 감소시키며 직원 만족도와 생산성을 높인다. 장기적으로 이러한 전략은 직원 이직률을 줄이는 데 기여한다.

2022년 1월 27일부터 시행된 중대재해처벌법(안전·보건 조치의무를 위반하여 인명피해를 발생하게 한 사업주, 경영책임자, 공무원 및 법인의 처벌 등을 규정한 법률)은 산업재해를 줄이자는 취지에서 도입되었다. 이 법은 처벌에 초점을 맞추었기 때문에 기업의 실질적인 재해 예방 활동을 촉진하지 못하는 측면이 있다. 그러나 ESG 경영을 통해 산업 안전에 대한 기업의 사회적 책임과 지배구조가 강화되어야 중대재해처벌법의 실질적 목표 달성이 가능하다. ESG는 산업 안전에 관한 기업의 사회적 책임과 지배구조 차원에서 적극적이고 능동적인 노력을 요구하며, 이는 중대재해처벌법의 근본적 목적을 달성하는 데 기여한다.

중대재해처벌법은 기업과 의료기관에 위기로 작용할 수 있으며 동시에 가치를 상승시킬 수 있는 기회이다. 피할 수 없다면 ESG를 통한 능동적 대응은 필수적이다. ESG 실천은 의료기관에 안전한 근무 환경을 조성하고 직원들의 복지를 향상시키는 중요한 수단이 된다.

의료기관에는 특히 감염병 노출 그리고 장시간 근로, 스트레스 등 다양한 위험 요소가 존재한다. 따라서 ESG 경영을 실천하는 의료기관은 중대재해처벌법을 위배하지 않도록 안전보건관리체계를 구축하고, 정기적인 위험성 평가와 개선 활동을 수행해야 한다.

ESG를 실천하는 의료기관들은 중대재해처벌법 준수를 위한 노력을 ESG 보고서에 포함하고 있으며, 이를 통해 기관의 사회적 책임 이행 현황을 이해관계자들에게 투명하게 공개하고 있다. ESG와 중대재해처벌법이 유기적으로 연계하여 안전하고 건강한 근무 환경을 조성하고, 궁극적으로는 더 나은 의료 서비스 제공으로 이어질 수 있도록 노력해야 할 것이다.

공동체와의 아름다운 동행

– 의료기관과 지역 사회가 함께 걷는 길

의료기관의 지역 사회 건강과 안녕을 증진시키는 활동은 ESG의 사회적 측면에서 중요한 역할을 한다. 이러한 활동에는 예방 캠페인, 건강 교육 세션, 지역 사회 건강 평가 및 개입 프로그램 등이 포함되며, 이 활동을 통해 지역 사회의 건강 인식을 향상시키고, 예방 가능한 질병을 감소시키며, 의료기관과 지역 사회 간의 긴밀한 협력 관계를 구축한다.

건강 교육 세미나와 워크숍을 개최하는 것은 지역 사회 구성원들에게 필요한 건강 정보를 제공하고, 건강한 생활 습관을 장려하는 중요한 방법이다. 건강 교육 세미나와 워크숍을 통해 다양한 주제를 다루고 직접 학습 기회를 제공한다.

지역 사회 건강 스크리닝(screening: 선별 검사를 뜻하며, 질병을 가려내기 위해 사전에 시행하는 검사) 및 예방 접종 프로그램 운영은 필수적이다. 이 프로그램들은 지역 사회 내에서 질병의 조기 발견과 예방에 큰 도움을 주며, 특히 접근성이 제한된 지역이나 소외된

그룹에게 필수적인 서비스를 제공한다. 이를 통해 의료기관은 건강 불평등을 해결하고 지역 사회의 전반적인 건강 수준을 높일 수 있다.

지역 사회 건강 문제 인식 캠페인은 지역 사회 구성원들의 건강에 대한 인식을 높이고, 건강한 선택을 할 수 있도록 동기를 부여한다. 이러한 캠페인은 질병의 예방과 관리의 중요성을 강조하고, 건강 관련 정보의 접근성을 개선함으로써 지역 사회 구성원들이 더 건강한 결정을 내릴 수 있도록 지원한다.

의료기관의 공동체 참여 프로그램은 지역 사회와의 관계를 강화하고, 지역 사회 내에서 신뢰와 명성을 쌓는 데 중요한 역할을 한다. 지역 사회의 건강 증진 활동에 의료기관이 적극적으로 참여함으로써, ESG의 '사회적 책임'을 실현하는 동시에 지속 가능한 건강 공동체 조성에 기여한다.

모두를 위한 의료

– 취약 계층도 소외되지 않는 따뜻한 손길

기후 변화는 지리적 및 사회경제적 불평등을 더욱 심화시키는 주요 요인이며, 그 영향은 특히 사회적 취약 계층에게 가장 크게 미친다. 이러한 계층은 폭염, 홍수, 폭우와 같은 기후 재난에 특히 취약하며, 이는 직접적인 상해, 사망, 각종 질병의 위험을 증가시킨다. 사회적 취약 계층은 기후 변화에 따른 간접적인 건강 피해를 심각하게 겪으며, 이는 매개체를 통한 감염병 증가로 나타난다.

의료기관에서는 이러한 불평등을 해소하기 위해 사회적, 경제적 장벽을 극복하고 모든 환자가 고품질의 의료 서비스를 받을 수 있도록 하는 ESG 전략을 마련해야 한다. 이 전략은 특히 취약 계층의 의료 접근성을 높이는 것을 목표로 한다.

의료기관은 다양한 방법으로 이 목표를 달성할 수 있다. 예를 들어, 이동식 건강 클리닉을 운영하여 의료 서비스가 필요한 지역 사회에 직접적인 의료 서비스를 제공할 수 있다. 또한 의료비 지원 프로그램을 확대하여 경제적 부담 때문에 필요한 치료를 받지 못하는 환자들을 지원하고, 다국어 의료 정보를 제공하여 언어 장벽을 해소할 수 있다.

교통이 불편한 환자를 위한 교통 서비스 제공도 중요하다. 이러한 서비스는 특히 거동이 불편하거나 외딴 지역에 사는 환자들이 의료기관을 방문할 때 큰 도움이 된다. 이를 통해 모든 환자가 의료 서비스를 공평하게 이용할 수 있도록 보장함으로써, 의료 접근성의 불평등을 줄이고, 더욱 포괄적이고 공정한 의료 환경을 조성한다.

미래를 위한 열쇠, 교육의 힘

– 지속 가능한 의료를 위한 지식의 전파

지속 가능한 의료와 감염관리, 그리고 환자 안전 교육은 의료기관이 사회적 책임과 지속 가능한 의료 실천을 촉진할 수 있는 중요한 방법이다. 이러한 교육은 직원들에게 리더십을 발휘하며, 필요한 지식과 기술을 습득할 수 있는 기회를 제공한다.

의료기관은 지속 가능한 의료 관행 교육과 정기적인 워크숍을 통해 직원 교육을 강화한다. 이 교육들은 직원들이 최신 의료 정보와 기술을 습득하게 하며, 이를 통해 의료 서비스의 질을 향상시키고 환자 안전을 보장한다. 또한 감염관리와 환자 안전에 대한 직원 교육은 의료기관 내에서 지속 가능한 관행을 촉진하며 고객 서비스의 질을 지속적으로 개선하는 데 기여한다.

직원 리더십 개발 프로그램은 직원들이 팀을 이끌고 복잡한 의료 상황에서 효과적인 의사 결정을 내릴 수 있도록 돕는다. 이 프로그램은 직원들이 자신감을 가지고 리더십 역할을 수행하게 함으로써 의료기관의 운영 효율성과 환자 만족도를 증진시킨다. 또한 강력한 리더십은 의료기관의 환경적 지속 가능성과 사회적 책임 목표를 달성하는 데 중요한 역할을 한다.

교육과 개발 프로그램은 직원의 전문성을 높이며, 의료 서비스의 접근성과 공평성을 개선하는 데 기여한다.

미국의 사례를 살펴보면 TeamSTEPPS(Team Strategies & Tools to Enhance Performance & Patient Safety, 성과와 환자 안전을 강화하기 위한 팀 전략 및 도구) 프로그램이 환자 중심의 치료를 실현하고 의료 팀 간의 효율적인 의사소통과 팀워크를 강화하는 중요한 도구로 활용되고 있다. 미국 국방부와 보건의료 연구 및 품질 관리국(Agency for Healthcare Research and Quality; AHRQ)에 의해 공동으로 개발되었으며, 의료기관 내에서 환자의 안전과 치료 결과를 최적화하는 것을 목표로 하고 있다.

이 프로그램은 의료기관이 안전 문화를 내재화하고 효과적인 변화 관리를 위한 전략을 개발할 수 있도록 지원하며, 팀의 인지도를 높이고 각 팀원의 역할과 책임을 명확히 함으로써 갈등을 해결하고 정보 공유를 촉진하고 있다. 이와 같은 접근 방식은 의료기관이 비용을 절감하고, 환자 간호 및 기타 중요한 의료 서비스에 더 많은 자원을 투입할 수 있게 하며, 전반적인 의료 서비스의 품질을 향상시키는 데 크게 기여한다.

TeamSTEPPS는 의료기관에 현장 준비, 교육, 구현 및 유지를 포함한 3단계 프로세스를 제공하여 안전 문화를 정착하고 유지하는 데 필수적인 지침을 제공하고 있다.

환자 안전은 의료기관이 추구해야 할 최우선의 목표이다. 모든 의료 활동의 핵심에 안전이 자리 잡을 때, 진정으로 환자 중심의 의료 서비스를 제공할 수 있다.

기술로 사회 문제 해결하기

– 혁신적 기술이 건강 불평등을 해소하는 방법

디지털 헬스케어, 원격 의료, 건강 정보 기술은 의료 서비스의 효율성 및 효과성을 증가시키며 진료 접근성을 개선하는 중요한 역할을 한다. 이러한 기술들이 어떻게 환자와 공동체의 건강 증진에 기여하는지 살펴볼 수 있다.

디지털 헬스케어와 원격 의료는 시간과 장소의 제약 없이 의료 서비스를 제공한다. 이러한 서비스들은 특히 지리적으로 불리한 위치에 있는 환자들에게 큰 혜택을 제공하며, 의료 자원이 부족한 지역에서도 의료 접근성을 높인다. 또한 환자 정보 포털과 건강 관리 앱, 웨어러블 기기(옷이나 시계, 안경, 액세서리처럼 자유롭게 몸에 착용하고 다닐 수 있는 기기)의 사용은 환자가 건강을 관리하고, 필요한 정보를 쉽게 얻을 수 있게 함으로써 환자 참여를 증진시킨다.

이 기술들의 도입은 의료 서비스의 효율성을 크게 향상시키며, 의료 정보 관리의 개선을 통해 의료 오류를 줄이고 환자 안전을 강화한다. 또한 원격 진료와 디지털 도구를 통한 의료 접근성 증진은 환자의 의료 이용 경험을 향상시키고, 의료기관의 운영 비용을 절감할 수 있게 한다.

의료기관의 기술 채택은 ESG 사회적 책임에 중요한 역할을 한다. 기술을 통해 사회적 책임을 이행하고 포괄적이며 지속 가능한 의료 서비스를 제공함으로써, 의료기관은 환자와 직원 그리고 지역 사회의 건강과 안녕을 증진시킨다. 이는 의료기관이 환경적 책임을 다하게 하고, 사회적 책임을 적극적으로 수행함으로써 지역 사회에 긍정적인 영향을 미치게 한다.

투명한 운영의 다섯 가지 비결

신뢰받는 의료의 비결

의료기관에서 신뢰받는 운영을 위해서는 투명성과 윤리적 결정을 기반으로 한 강력한 지배구조가 필수적이다. 이는 환자의 신뢰를 구축하고 의료 서비스의 질을 개선하는 중요한 요소이다.

먼저, 지배구조는 조직의 투명성과 책임성을 보장하는 주요한 역할을 한다. 공공기관이나 기업, 비영리단체가 내린 의사 결정이 어떻게 이루어지고 실행되는지를 투명하게 공개하는 것은 그들이 책임을 다하는 조직임을 증명한다. 이러한 투명성은 조직의 신뢰도 향상에도 기여한다.

또한, 적절한 지배구조는 조직의 지속 가능한 발전을 보장한다. 조직 내부의 이해관계자들은 정보를 공유하여 효과적으로 의사소통할 수 있는 체계를 통해 성장이 지속된다. 마지막으로, 효율적인 의사 결정을 가능하게 함으로써 조직 내 다양한 이해관계자들의 의견과 이익 충돌을 조정하는 데 도움을 준다. 강화된 지배구조는 내부 이해관계자뿐만 아니라 사회 전반의 발전에도 긍정적인 영향을 미친다.

의료기관이 건강한 지배구조를 갖추는 데 다음과 같은 몇 가지 방안이 필요하다.

신뢰의 첫 걸음, 투명한 의료기관

의료기관의 투명성 확보는 다양한 이해관계자에서 신뢰를 구축하는 데 필수적이다. 이를 위해, 의료기관은 주요 의사 결정 과정과 이를 뒷받침하는 경제적 성과, 사회적 책임 활동에 대한 정보를 공개하여 경영의 투명성을 높여야 한다. 특히, 임직원 및 이해관계자가 관심을 갖는 주제에 대해 충분히 정보가 제공되면, 이러한 투명성은 조직에 대한 신뢰를 한층 강화시키고, 의료기관의 책임 경영을 돕는 중요한 역할을 한다.

투명한 경영을 실현하기 위해, 의료기관은 포괄적인 지배구조 체계를 마련해야 한다. 지배구조는 조직이 사회 구성원으로서의 책임을 다하면서, 투명성과 책임 경영의 기둥으로 작용하여 전체적인 운용에 안전장치가 된다. 이 지배구조는 의사 결정에서 발생할 수 있는 비효율성을 줄이고, 모든 운영을 일관되게 통제함으로써 의료기관의 지속 가능성을 보장한다.

또한 의료기관의 투명한 운영은 외부 이해관계자들로부터 기관의 신뢰도를 높일 수 있는 유리한 위치를 제공한다. 정보가 적시에 공개되고, 조직 내 모든 절차가 투명하게 관리될 때, 의료기관은 직원, 환자, 투자자, 그리고 지역 사회와의 신뢰를 더욱 강화할 수 있다. 이를 통해, 의료기관은 사회적 책임을 넘어, 지역 사회 발전에 기여하며 긍정적인 영향을 미치는 조직으로 자리매김하게 된다.

윤리와 책임을 지키는 수호자, 독립적 이사회

독립적인 이사회는 의료기관의 투명한 운영과 책임 있는 경영을 보장하는 핵심 요소로 작용한다. 이사회는 경영진의 결정을 감시하고, 재무 상태를 검토하며, 이해관계자의 이익을 고려한 기업 전략을 설정하는 책임을 진다. 이러한 책임에는 외부 압력이나 통제로부터 자유로운 독립성이 필수이며, 이는 이사회가 객관성과 공정성을 유지할 수 있도록 돕는다. 이는 이사회가 해당 기관의 장기적인 성공을 목표로 전략적 결정을 내릴 수 있게 해주고, 다양한 이해관계자들 간의 신뢰 구축을 가능하게 한다.

의료기관에서 운영위원회가 이사회를 대신하는 경우도 흔히 발생한다. 운영위원회는 프로젝트나 조직을 위한 거시적인 수준의 의사 결정을 내리고, 전략적 방향으로 안내하는 자문 역할을 한다. 운영위원회의 독립적인 역할은 다양성과 전문성을 바탕으로 정보에 입각한 의사 결정을 지원하고, 조직 내 투명성과 신뢰의 문화를 조성한다.

독립적 이사회 및 운영위원회의 역할은 높은 윤리 기준과 책임을 유지하기 위한 중요한 메커니즘이며, 의료기관이 지속 가능한 경영을 추구할 수 있도록 돕는다. 독립적인 이사회 속에서 외부의 압력으로부터 자유로운 환경이 구축될 때, 의료기관은 올바른 윤리 및 법적 기준을 준수하는 동시에 사회적 책임을 다할 수 있다.

질 높은 의료의 비밀
– 최상의 진료를 위한 숨은 노력

기본적으로 의료기관은 윤리경영을 실천해야 한다. 임직원, 협력업체 등 파트너들이 준수해야 할 윤리경영 강령을 수립하고 제도적 체계를 구축해야 한다. 또한 윤리경영을 위한 교육 프로그램과 강화된 제재 방안을 마련하여 윤리 문화를 확립해야 한다.

의료기관은 윤리적 기준을 확립하고 윤리적 의사 결정을 의료 및 경영 모든 영역에 통합하는 것이 필수적이다. 이러한 통합은 윤리위원회 구성을 통해 구체화된다. 윤리위원회는 의료 및 경영 의사 결정 시 윤리 기준을 제공하여 의료기관의 윤리적 표준을 강화하고, 직원들의 윤리적 인식 및 책임감을 높이는 데 중추적인 역할을 한다.

윤리 교육 프로그램의 개발은 직원들이 윤리적 문제를 인식하고 적절히 대응할 수 있는 능력을 개발하는 데 중점을 둔다. 이 프로그램은 윤리적 딜레마에 직면했을 때 직원들이 기준에 따라 결정을 내릴 수 있도록 지원하며, 교육을 통해 윤리적 인식을 강화한다. 또한 이 프로그램은 환자와 공동체에 대한 윤리적 의무 이행을 강조하며, 의료기관이 사회적 책임을 이행하는 방법으로 기능한다.

내부 통제의 마법
– 조직을 운영하는 보이지 않는 손

의료기관에서 리스크 관리 프로세스의 정립은 의료 및 운영 활동을 안정적으로 수행하고, 발생 가능한 위험을 효과적으로 관리하는 데 필수적이다. 이 과정은 위험을 식별, 평가 및 관리하는 체계적인 접근 방식을 포함한다.

내부 감사와 내부 통제 기능이 작동해야 한다. 의료기관 내부에서부터 객관적인 감사를 수행하여 모든 부서가 규정을 준수하며 제대로 운영되고 있는지, 법적 요건과 윤리적 기준에 부합하는지를 확인하는 것이 중요하다. 정기적인 내부 감사와 모니터링을 통해 내부 통제 시스템을 강화하며, 이를 통해 의료기관의 운영 리스크를 감소시키고 재정적·운영적 안정성을 증진시킨다.

위험 식별 및 평가는 모든 활동을 주기적으로 검토하여 잠재적인 위험 요소를 찾아내는 과정이다. 예를 들어, 의료기관은 환자 안전과 관련된 리스크, 의료기기의 고장 가능성, 데이터 보안 문제 등 다양한 유형의 위험을 식별할 수 있다. 이러한 위험 요소들을 체계적으로 분석하고 우선순위를 매겨 관리 대책을 마련한다. 리스크 평가 과정에서는 식별된 각 위험의 잠재적인 영향과 발생 확률을 평가한다. 이 평가를 기반으로 의료기관은 자원을 효율적으로 배분하고, 필요한 위험 완화 조치를 취할 수 있다. 환자 데이터의 무단 접근이나 유출 가능성에 대응하여 보다 강화된 보안 프로토콜을 개발하고 실행할 수 있다.

위험 관리 메커니즘의 구축은 리스크 평가 결과에 따라 다양한 예방 및 대응 전략을 포함한다. 이는 재난 발생 시 신속한 대응을 가능하게 하고, 의료 서비스의 연속성을 보장한다. 의료기관은 화재나 자연재해에 대비하여 비상 대피 계획을 수립하고, 정기적으로 직원을 대상으로 훈련을 실시한다.

운영 전반의 통제 효과성을 평가하고, 필요한 개선 조치를 취하며, 정책과 절차가 적절하게 이행되고 있는지를 확인하는 이러한 의료기관의 리스크 관리 전략들은 환자와 직원의 안전을 보장하는 데 결정적인 역할을 한다.

개방적 의료의 하모니
– 소통과 협력으로 이루는 투명성

환자와 지역 사회의 목소리를 의료 서비스 개선 과정에 통합시키는 것은 의료기관의 투명성과 윤리적 운영을 강화한다. 의료기관은 다양한 채널을 활용하여 이해관계자들과의 소통을 강화하고 이해관계자들의 의견과 요구사항을 수용하는 노력 등을 통해 적극적으로 이해관계자의 참여를 유도할 필요가 있다. 단, 사전에 우리 조직에 큰 영향을 미치는 주요 이해관계자가 누구인지 식별하는 것이 필수이다.

정기적으로 실시되는 환자 만족도 조사, 커뮤니티 포럼, 공개 회의는 모두 환자와 지역 사회의 의견을 수집하고 의료 서비스에 반영하기 위한 효과적인 수단이다. 이러한 피드백 메커니즘은 의료기관이 환자의 요구와 기대에 부응하고, 지역 사회의 건강과 안녕을 증진시키는 데 중요한 역할을 한다. 이 과정에서 의료기관은 지역 사회와의 긴밀한 관계를 구축하고, 커뮤니티의 요구에 민감하게 반응한다. 커뮤니티 참여를 통해 환자 및 지역 사회 구성원들은 의료기관의 정책과 서비스 개선에 직접적으로 참여하는데, 이는 의료기관에 대한 신뢰와 지지를 높이는 결과를 낳는다.

또한 의료기관은 윤리적 결정을 내리고 지속 가능한 지배구조를 확립함으로써 사회적 책임을 이행한다. 이것이 의료기관의 운영을 더욱 투명하게 하고, 모든 이해관계자가 의료기관의 결정 과정에 참여할 수 있는 기회를 제공한다. 윤리적인 결정 과정은 의료기관이 직면할 수 있는 도덕적·법적 문제들을 해결하는 데 도움을 주며, 전반적인 의료 서비스의 질을 향상시킨다.

제 3 장

감염관리와 ESG의 완벽한 만남

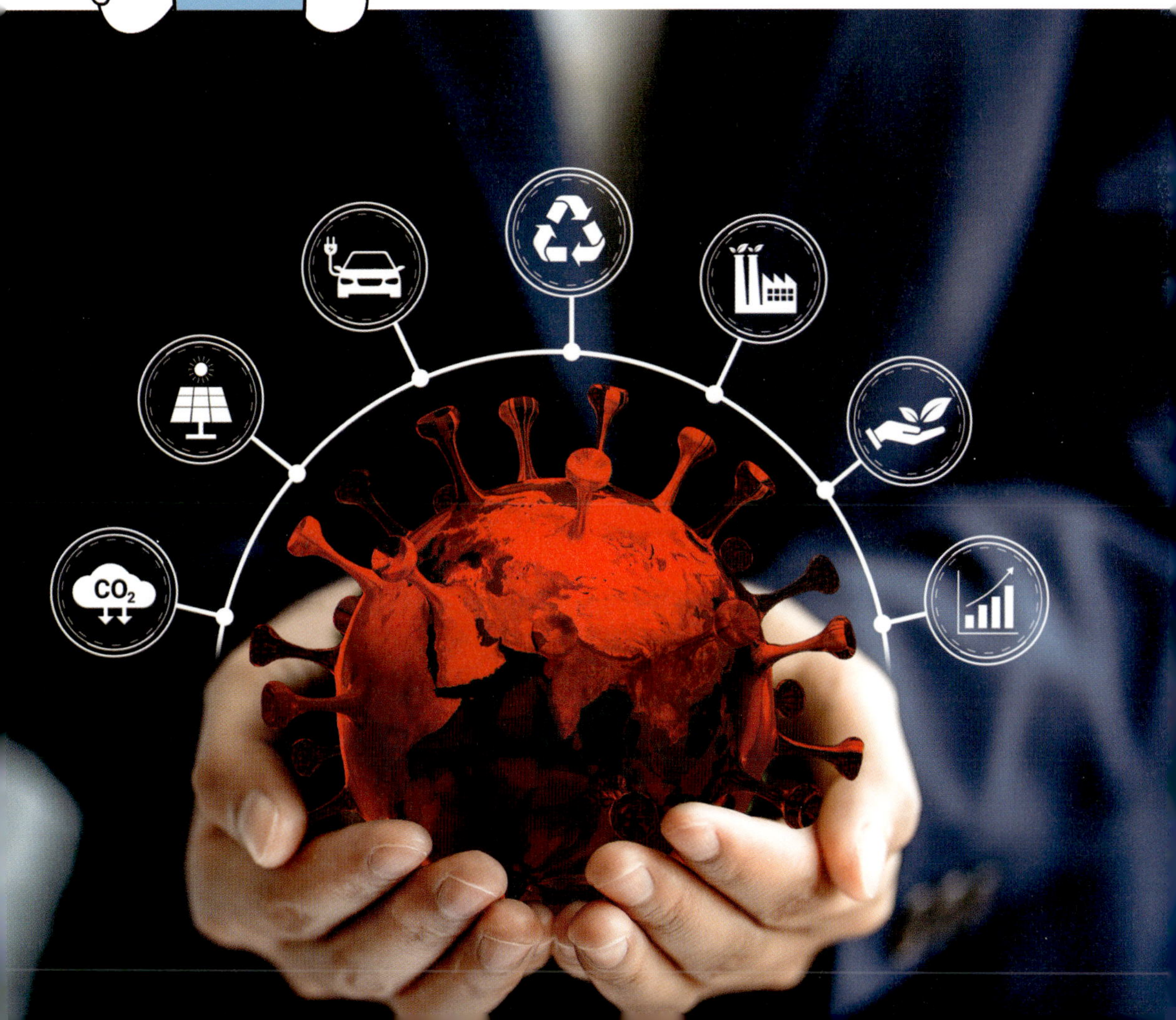

ESG 차원에서 본 환경과 감염관리의 통합

ESG 원칙과 의료기관 감염관리의 통합에서 환경 측면은 특히 중요한 역할을 한다. 의료기관의 감염관리와 환경 보호 목표의 동시 달성은 지속 가능한 의료 서비스 제공의 핵심 요소이다. 이러한 환경 중심의 ESG 접근법은 의료기관이 감염관리의 효과성을 유지하면서도 환경 영향을 최소화하는 데 기여할 수 있다. 이는 궁극적으로 지속 가능한 의료 서비스 제공과 사회적 책임을 다하는 의료기관으로서의 역할을 강화하는 데 도움이 될 것이다.

팬데믹이 남긴 교훈

– COVID-19로부터 배운 생생한 이야기

COVID-19 팬데믹은 전 세계 의료기관에 감염관리의 중요성과 위기 대응의 필요성을 다시 한번 각인시켰다. 이 전염병은 과거의 감염병과 달리, 전 세계로 빠르게 확산되었고, 이로 인해 의료기관들은 큰 압박을 받게 되었다. 이러한 경험은 의료기관들이 미래에 발생할 수 있는 유사한 위기 상황에 대비하기 위해 ESG 원칙을 강화하고 감염관리 시스템을 지속적으로 개선해야 할 필요성을 강조하게 하였다.

COVID-19는 의료기관이 감염을 효과적으로 관리하지 못할 경우 환자와 직원 그리고 지역 사회 전체가 큰 위험에 직면할 수 있음을 보여주었다. 의료기관은 대규모 감염병이 발생할 때 신속하게 대응할 수 있는 감염관리 시스템을 갖추고 있어야 하며, 이를 통해 감염 확산을 최소화해야 한다. 팬데믹 동안 의료기관은 비상 대응 계획을 즉각 시행하여, 개인보호장비(personal protective equipment; PPE) 사용, 병상 확충, 감염자 분리 등을 신속하게 진행해야 했다. 손 씻기와 개인위생의 중요성이 다시 강조되며, 기본적인 감염 예방 수칙의 효과가 확인되었다.

감염병의 국제적 확산은 현대의 인적, 물적 교류가 과거보다 훨씬 빈번해지면서 더욱 빠르게 이루어진다. 과거 1300년대 중국에서 발생한 페스트균이 이탈리아에 전파되는 데 10년 이상이 소요되었고, 유럽 전역으로 확산되는 데 5년 이상 걸렸던 것과 달리, COVID-19는 몇 개월 만에 전 세계로 확산되었다. 이는 현대 사회가 감염병에 더 쉽게 노출될 수 있음을 보여준다. 따라서 의료기관은 감염병의 빠른 확산을 방지하기 위한 국제적 협력과 관리체계를 강화해야 하며, 이에 맞춰 내부 감염관리 시스템을 지속적으로 개선해야 한다.

감염병 예방에는 의료기관의 노력뿐만 아니라 개인의 면역 증강을 통한 방어 기전도 중요하다. 감기, 독감, COVID-19 같은 질병들은 증상이 비슷해 혼란을 초래할 수 있지만, 각각 전혀 다른 특성을 지니고 있다. 개인은 손 씻기, 예방접종, 영양관리, 적절한 운동과 휴식, 충분한 수면 같은 기본적인 방어 기전을 통해 면역력을 높여야 한다. 이를 통해 개인은 감염에 대한 저항력을 키워 의료기관에 대한 부담을 줄일 수 있다.

COVID-19로부터의 교훈을 바탕으로, 의료기관은 감염관리 시스템을 지속적으로 강화해야 한다. 특히, 감염병의 초기 확산을 신속히 식별하고 대응할 수 있는 체계를 마련하는 것이 중요하다. 이를 위해 의료기관은 정기적으로 감염관리 교육을 실시하고, 의료진과 환자에게 감염 예방 수칙을 철저히 교육해야 한다. 또한 팬데믹과 같은 대규모 감염병 발생 시 환자와 의료진을 보호할 수 있는 안전한 환경을 구축하는 것도 필수적이다.

결국, COVID-19 팬데믹은 의료기관이 미래의 위기 상황에 대비하기 위해 ESG 원칙을 기반으로 한 지속 가능한 운영 체계를 구축해야 할 필요성을 보여주었다. 이는 감염관리뿐만 아니라, 환경 보호와 사회적 책임을 동시에 실천하는 방안으로 자리 잡아야 한다.

소독과 청소의 혁신

– 지속 가능한 방법으로 청결 유지

병원에서 사용하는 환경 표면은 바이러스에 쉽게 오염될 수 있어 철저한 청소와 소독이 더욱 강조된다.

가습기살균제와 같은 살생물제품의 사용으로 인해 예상하지 못한 생명 또는 건강상의 피해가 발생하는 경우 정부가 개입하여 신속하게 피해를 구제하도록 하는 내용으로 2019년 1월 1일 '생활화학제품 및 살생물제의 안전관리에 관한 법률'이 제정되어 2021년 12월 31일 시행되었다. 의료기관에서 사용하는 의약품 및 의약외품에 해당하는 소독제는 약사법에 따라 식품의약품안전처에서 관리한다. 환경 관리에 사용되고 있는 '방역용 살충제', '감염병예방용 살균·소독제제' 등은 의약외품 범위 지정에서 제외하여 환경부 소관으로 이관되어 환경부에서 관리하는 것으로 변경되었다. 의료기관에서 의약품 및 의약외품에 해당하는 소독제를 선택할 때는 소독제 수준과 더불어 소독제 특성까지 고려하여 선택할 수 있는 명확한 체계가 정립되어야 한다.

의료기관에서는 다양한 화학물질을 소독제로 사용하여 환경 표면을 소독한다. 이러한 화학 소독제에는 알코올, 요오드, 크레졸 등이 포함되어 있으며, 이들은 각각 특정 환경에서 효과적으로 사용된다. 그러나 화학 소독제의 사용은 공인된 기관의 승인을 받아야 하며 신중하게 관리되어야 한다. 임의의 혼합이나 과도한 사용은 오히려 소독 효과를 저해하고 환경에 부정적인 영향을 미칠 수 있다는 점에서 주의가 필요하다.

전통적인 화학물질에 의존하는 소독 방법과 달리, 의료기관은 지속 가능한 솔루션을 모색하여 환경적 영향을 최소화할 수 있는 방법을 탐색하고 있다. 예를 들어, UV-C 광선을 이용한 소독이나 증기를 사용한 청소 시스템은 화학물질의 사용을 크게 줄이면서도 효과적으로 감염을 관리한다. 특히, UV-C 광선 소독 로봇의 도입은 병원 내에서 감염의 위험을 크게 줄이는 동시에 환경 보호에도 기여한다. 이 로봇은 병실, 수술실, 공용 공간 등을 순회하며 바이러스, 박테리아 등의 병원균을 효과적으로 제거하여 화학물질에 대한 의존도를 줄이는 데 중요한 역할을 한다(그림 3-1).

또한 의료기관은 전통적인 화학 소독제 대신 자연에서 추출한 성분으로 만든 친환경 소독제를 사용하기 시작했다. 이 친환경 소독제는 감염을 효과적으로 예방하면서도 환경에 미치는 부담을 크게 줄일 수 있다. 이러한 소독제는 사용자에게도 덜 유해하여 의료 직원과 환자 모두에게 안전하다.

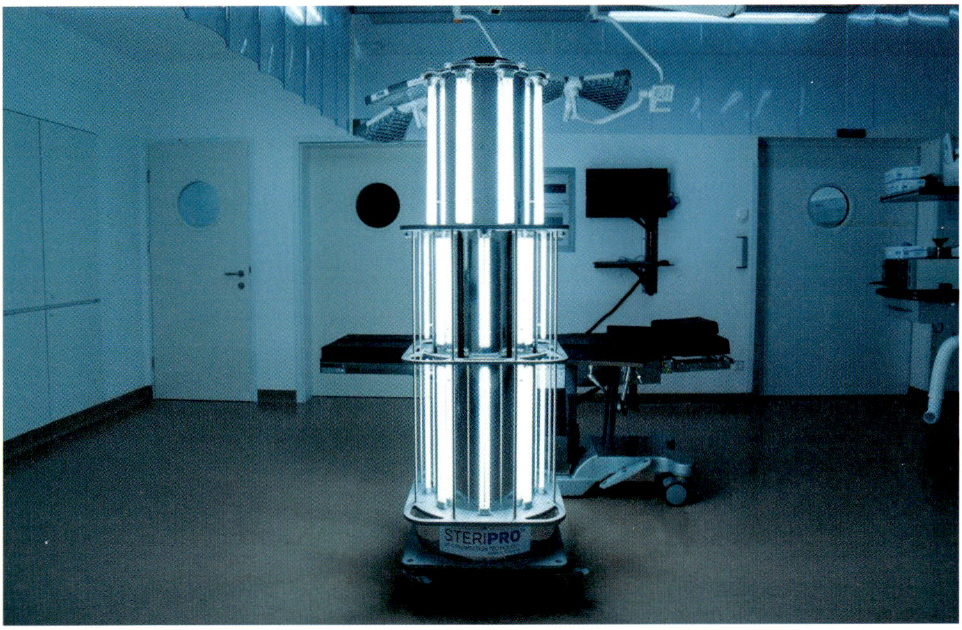

그림 3-1. UV-C 광선 소독 로봇 (출처: SteriPro)

이와 같은 지속 가능한 소독 및 청소 방법의 도입은 의료기관이 환경 보호를 실천하는 동시에 환자 안전을 보장하는 방법으로 자리 잡고 있다.

지속 가능한 의료 폐기물 관리의 새 방향

의료 폐기물의 지속 가능한 관리는 의료기관의 중요한 책임 중 하나로, 부정적인 환경 영향을 줄이고 감염 위험을 효과적으로 관리하기 위한 체계적인 접근 방식을 요구한다. 의료기관은 폐기물의 양을 최소화하고 재활용 가능한 자원을 최대한 재활용하기 위한 전략을 개발해야 한다. 이를 위해 비감염성 폐기물과 감염성 폐기물을 철저히 분리하고 각각에 알맞은 처리 방법을 적용한다. 비감염성 폐기물은 재활용 과정을 거쳐 다시 사용되는 반면,

감염성 폐기물은 특별한 처리 절차를 통해 안전하게 소각 또는 처리된다.

의료기관은 폐기물 관리 과정을 정기적으로 검토 및 개선함으로써 폐기물로 인한 환경 오염을 최소화하며, 의료 활동으로부터 발생할 수 있는 감염의 확산을 효과적으로 막는다. 예를 들어, 일부 병원에서는 최신 기술을 도입하여 폐기물 분류 및 처리 과정을 자동화함으로써 오류를 줄이고 효율성을 높인다. 또한 의료 폐기물의 처리와 관련된 최신 규제와 가이드라인을 준수하며, 관련 기관과 긴밀히 협력하여 환경 보호 노력을 강화한다.

환경 보호와 관련된 교육 및 훈련 프로그램을 통해 직원들에게 의료 폐기물의 적절한 처리 방법과 중요성을 교육한다. 이러한 교육은 직원들이 폐기물 관리의 중요성을 이해하고 일상 업무에서 적극적으로 실천할 수 있도록 동기를 부여한다. 의료기관 내부의 지속 가능한 폐기물 관리 시스템은 감염관리는 물론 환경적 지속 가능성에도 크게 기여한다.

첨단 기술과 친환경 소재의 만남

– 미래의 감염 예방 솔루션

의료기관에서의 감염 예방과 관리는 환자의 안전을 보장하고 전염병의 확산을 방지하는 데 중요한 역할을 한다. 이 과정에서 사용되는 소재와 기술은 환경에 미치는 영향을 최소화하는 동시에 효과적으로 감염을 관리할 수 있어야 한다. 이에 따라, 지속 가능한 소재와 기술의 도입은 의료기관의 감염관리 전략에서 중요한 위치를 차지한다.

감염관리용품과 개인보호장비(PPE)의 생산 및 사용에서 환경친화적이고 지속 가능한 소재를 우선적으로 선택한다. 의료기관은 일회용 플라스틱 대신 생분해성 소재를 사용한 PPE를 도입하여 의료 폐기물의 양을 줄이고 환경 보호에 기여하였다.

세종병원그룹은 ESG 경영의 일환으로 우리나라 최초로 수술실에 리유저블 가운을 도입하여, 의료 폐기물을 줄이고 환경 보호를 실천하고 있다. 이 리유저블 가운은 75회 이상 세탁 후에도 재사용이 가능하며, 사용 중에도 발수성과 공기 투과성을 유지하도록 설계되었다. 또한 일회용 가운보다 세균 침투에 더 안전하며, 착용감도 유연하고 편안하다. 특히 리유저블 가운은 미세 보풀 발생을 줄여 감염원 확산을 억제하는 데 탁월한 효과를 보인다(그림 3-2).

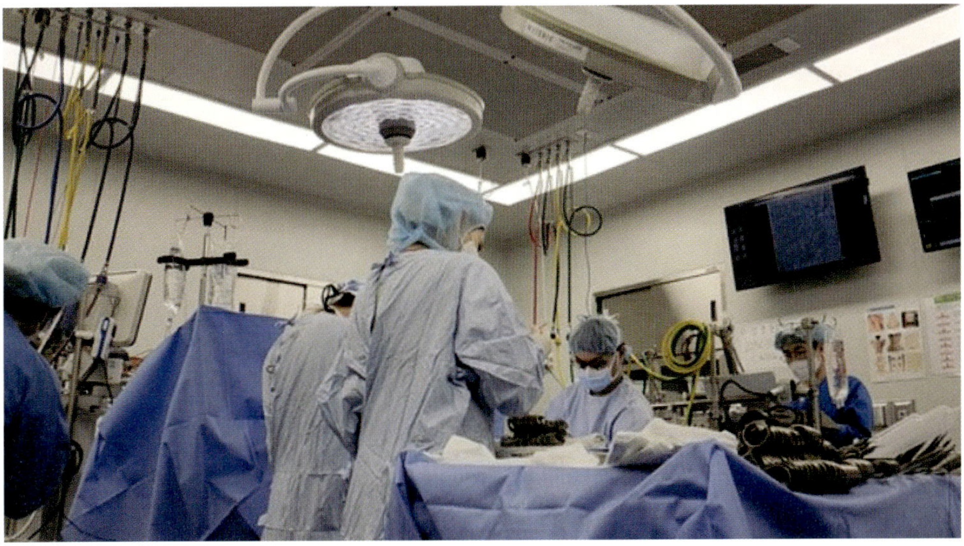

그림 3-2. 의료진이 리유저블 가운을 입고 수술하는 모습 (출처: 세종병원 홈페이지)

외국의 경우 에모리 대학병원, 듀크 대학병원, 노스케롤라이나 대학병원 등 유수의 의료기관에서 이미 리유저블 가운을 사용 중이며, 미국 캘리포니아의 UCLA Health는 2012년 리유저블 가운을 시범 도입한 후 2015년에 이를 전면 채택했다. UCLA Health는 이를 통해 연간 45만 달러의 비용을 절감하고 있다. 또한 미국재사용협회(ARTA)와 국제의료섬유관리협회(IAHTM)의 연구(2018)에 따르면, 리유저블 가운은 일회용 가운보다 에너지 소비(64%), 온실가스 배출량(66%), 물 소비량(87%), 의료 폐기물 발생량(83%)을 줄이는 효과를 보였다.

위의 예시들은 의료기관이 기술과 혁신을 통해 감염관리를 강화하고, 환자와 의료진의 안전을 보장하는 동시에 환경적 지속 가능성을 실천하는 데 기여하는 전략이다.

일회용 의료기기의 재사용
– 환경과 경제의 연결

일회용 의료기기의 재사용은 의료계에서 논란의 대상이 되고 있는 주제이다. 이 관행은 비용 절감과 의료 폐기물 감소라는 장점에도 불구하고, 환자 안전과 의료의 질에 대한 우려를 불러일으킨다.

감염 위험 면에서, 일회용 의료기기의 재사용은 여러 가지 문제점을 안고 있다. 일회용 의료기기들은 본래 철저한 세척과 재처리를 위해 설계되지 않았기 때문에, 부적절한 세척 및 멸균 과정으로 인해 미생물이 잔존할 가능성이 높다. 또한 재처리 과정은 기기의 성능 저하 및 재질 변화를 초래하여, 안전성과 효과를 감소시킬 수 있다. 일부 재질은 화학 성분을 흡수하여 시간이 지나면서 침출될 수 있는데, 이는 감염 위험을 높인다. 더불어 부적절한 세척 과정이 있는 장비는 박테리아 내독소를 전이시킬 수 있으며, 기기의 디자인 특성상 교차 감염의 위험도 존재한다.

재정적 측면에서 일회용 의료기기의 재사용은 양면성을 지니고 있다. 한편으로는 새로운 기기 구매 비용을 절감할 수 있어 의료기관의 재정에 도움이 될 수 있다. 특히 고가의 일회용 의료기기의 경우 이러한 비용 절감 효과가 상당할 수 있다. 또한 의료 폐기물 처리 비용을 줄일 수 있어 환경 관리 측면에서도 이점이 있다.

그러나 다른 한편으로는 재처리에 따른 비용이 발생하며, 안전한 재사용을 위한 시설과 장비에 대한 투자가 필요할 수 있다. 이는 초기 비용이 부담될 수 있다. 또한 재사용된 일회용 의료기기로 인한 문제 발생 시 법적 책임과 그에 따른 비용이 발생할 수 있어 잠재적인 재정적 리스크도 존재한다.

따라서 의료기관은 일회용 의료기기 재사용에 따른 직접적인 비용 절감과 잠재적 리스크 그리고 관련 투자 비용 등을 종합적으로 고려하여 재정적 영향을 평가해야 한다. 동시에 환자 안전과 의료의 질을 최우선으로 고려하여 이러한 관행의 적절성을 신중히 판단해야 할 것이다.

의료기기의 과거와 현재

– 재사용 의료기기의 역사적 발자취

1970년대 이전까지 대부분의 의료기기는 재사용이 가능했다. 고무, 유리, 금속 등으로 만들어진 이 기기들은 세척과 증기멸균 과정을 거쳐 다시 사용할 수 있었다. 그러나 1970년대에 들어서면서 의료 환경에 큰 변화가 일어났다. 의료기관의 수요가 증가하고, 의료기기의 설계가 복잡해졌으며, 에틸렌옥사이드(ethylene oxide; EO) 멸균법이 도입되면서 열과 습기에 약한 플라스틱 등의 재료를 이용한 일회용 의료기기 생산이 시작되었다.

그러나 곧 일회용으로 설계된 의료기기 재사용 문제가 전 세계적으로 대두되었다. 특히 주사기와 같은 일회용 기기의 재사용으로 인한 감염 사례가 심각한 수준에 이르렀다. 이에 대응하여 국제의료기관평가위원회(Joint Commission International; JCI)는 병원 인증 기준에 일회용 의료기기 재사용에 대한 구체적인 요구 사항을 포함시켰다. 주요 내용으로는 병원 정책 마련, 명확한 세척·소독·멸균 프로토콜 구비, 재사용 의료기기 사용 환자 추적 절차 개발, 이상반응 데이터 분석 및 개선 사항 도출 등이 있다.

세계보건기구(World Health Organization; WHO) 또한 추가적인 권고사항을 제시했다. 의료기관의 서면 정책 구비, 허가된 재처리업자가 아닌 경우 중요 및 준중요 일회용 기기 재처리 금지, 안전한 세척이 불가능한 기기 재사용 금지, 작은 내강을 가진 재사용 가능 기기의 일회용 간주, 자택 사용 기기의 적절한 세척 필요성 등을 강조했다.

이러한 국제적 지침들은 환자 안전과 감염 예방을 위해 중요한 역할을 하고 있다. 의료기관들은 이러한 지침을 바탕으로 일회용 의료기기 재사용에 대한 명확한 정책과 절차를 수립하고, 환자 안전을 최우선으로 고려하는 의료 환경을 조성해야 할 것이다.

국제적 기준의 등장

– 해외의 일회용 의료기기 재사용 규칙

2002년, 미국은 'Medical Device User Fee and Modernization Act(MDUFMA)'의 법제화로, 일회용 의료기기 재처리에 대한 규정을 추가하였다.

미국 식품의약품국(Food and Drug Administration; FDA)은 2006년 재처리 의료기기

의 510K(시판 전 검토 신청 자료)에 대한 가이드라인을 제시, 의료기기 제조업체 및 재처리 업체에 재사용이 가능한 일회용 의료기기의 재처리 절차에서 요구되는 모든 절차를 준수하도록 하고 있다. Premarket Notification 510K에는 재처리 시설을 비롯하여 의료기기 목록 제출, 라벨링, 유효성 보증, 시판 전·후 승인에 필요한 모든 항목뿐 아니라 재처리 의료기기 사용 시 문제점과 추적관리에 대한 내용이 포함되어 있다.

유럽연합은 2017/745 의료기기 규정(Medical Device Regulation)의 일환으로 일회용 의료기기의 재처리 규정을 마련하였고, Article 17에서 일회용 의료기기의 재처리와 사용은 국가 법령에서 허용하는 경우 유럽연합 규정을 적용하며, 유럽연합 내에서 일회용 의료기기의 재사용을 위해 재처리하는 개인과 법인 모두 제조업체로 간주하여 규정을 적용하도록 하였다. 재처리한 의료기기의 안전 및 성능은 원래 기구와 동일하여야 하며, 최신의 과학적 근거에 따라 안전하다고 간주되는 일회용 의료기기만 재처리할 수 있으며, 일회용 의료기기 재처리 조건에는 위험 관리, 세척 단계를 포함한 전반적 절차에 대한 검증, 제품 성능 검사, 질 관리 체계, 재처리 기구와 관련된 사고 보고, 재처리 기구의 추적 관리 내용을 포함하였다.

우리나라 규정 해부
– 한국에서 일회용 의료기기를 다루는 법적 기준

'의료법' 제4조제6항(2024.5.1.)에서는 의료인이 '일회용 의료기기(한 번 사용할 목적으로 제작되거나 한 번의 의료행위에서 한 환자에게 사용하여야 하는 의료기기로서 보건복지부령으로 정하는 의료기기)'를 한 번 사용한 후 다시 사용해서는 안 된다고 규정하고 있다.

'의료법 시행규칙' 제3조의2(2024.8.1.)에서는 보건복지부령으로 정한 재사용이 금지되는 일회용 의료기기를 정의하였다. 이에 포함되는 품목으로는 주사침, 주사기, 수액용기 등이 있으며, 감염 또는 손상의 위험이 높은 기기는 보건복지부장관이 재사용 금지를 지정하게 된다.

보건복지부 고시(2022.5.23.)는 무균조직에 삽입하는 카테터와 같은 특정 의료기기의 재사용 금지를 명시하고 있다(그림 3-3).

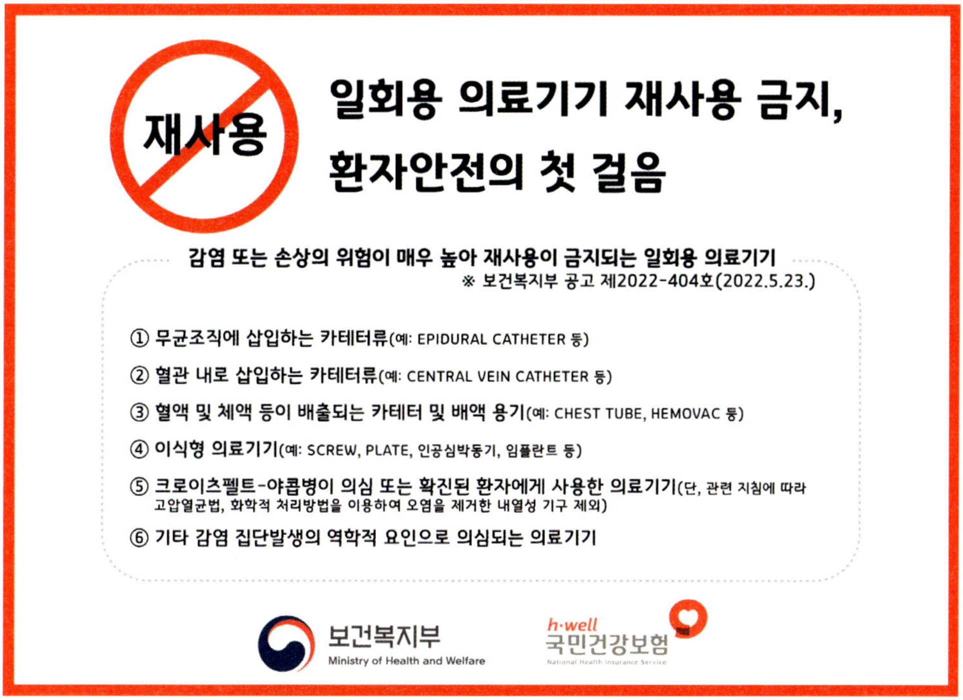

그림 3-3. 재사용이 금지되는 일회용 의료기기 목록에 대한 홍보용 스티커 (출처: 보건복지부)

'의료법' 제36조제8호(2024.8.1.)에서는 의료기관이 따라야 할 의약품 및 일회용 의료기기의 사용에 관한 기준을 규정하였다. '의료법 시행규칙' 제39조의3에 의해 일회용 의료기기는 한 번 사용한 후 폐기해야 한다고 명시되어 있다.

'의료기기 허가·신고·심사 등에 관한 규정' 제2조의제2호(2023.12.19.)에서는 일회용 의료기기의 정의를 '한 번 사용할 목적'으로 명시하고 있다.

'의료기기법' 제20조제7호(2024.8.7.)에 의거하여, 일회용 의료기기는 용기나 외장에 '일회용'과 '재사용 금지'라는 표시를 강제하고 있다.

의료기관에서는 의료법과 관련 법령에 맞추어 일회용이라고 표시된 물품에 대해서는 일회용으로 사용하고 있으나 급격하게 증가하는 의료 폐기물량은 환경에 많은 부담을 주고 있다. 예를 들면 일회용 호흡치료기구인 Nebulizer Kit는 사용 시마다 많은 의료폐기물이 발생하고 있다. 사용 후 처리 방식에 따라 세척·소독 후 재사용할 수 있는 부분, 그리고 세척 없이 일정 기간 재사용 가능한 부분(예: 에어튜브)으로 구분하여 소포장을 변경할 필요가 있다. 또한 보건복지부령에서 재사용이 금지된 일회용 의료기기 목록을 제외한 기기의 재사용 가능 여부, 자택 사용 시 관리 기준, 1명의 환자가 반복 사용하는 경우 등의 다양한 변수에 대한 명확한 기준과 정책 수립이 시급하다.

일회용 의료기기의 환경적 문제를 해결하기 위한 주요 방안은 다음과 같다.

첫째, 일회용에서 재사용 가능한 제품으로 전환 시 제품 수명 주기 전반에 걸쳐 탄소 발자국이 평균 38~56% 감소하는 것으로 나타났다. 단, 물 사용량은 증가할 수 있으므로 물 부족 지역에서는 주의가 필요하다.

둘째, 안전성이 확보된 경우 일회용 의료기기의 재처리 정책과 기준이 명확해지면 의료 폐기물의 감소 및 재활용 체계가 강화될 수 있다.

셋째, 재활용이 쉬운 소재를 사용하여 자원 순환을 촉진하거나 환경 영향을 최소화하는 방향으로 재사용, 재활용이 용이한 구조로 설계되어야 한다. 생분해성 및 퇴비화 가능한 소재를 사용하면 폐기물 매립량이 감소되며 친환경적인 처리 방식이 될 수 있다.

넷째, 불필요한 사용을 줄이고 필요한 만큼만 사용하도록 관리한다. 환경 영향을 고려한 구매 기준을 수립하고 적용하며 의료진과 환자들에게 일회용 기기 사용의 환경 영향을 교육한다.

이러한 방안들을 종합적으로 적용하여 일회용 의료기기의 환경 영향을 줄이고 지속 가능한 의료 시스템을 구축해야 한다. 또한 환경적 영향을 줄이기 위해 일회용 기기의 재사용 정책과 기준 명확화, 재활용이 용이한 소재 사용 등이 제안된 바 있다. 각 방안이 의료기관, 제조업체, 정책 입안자들의 협력을 통해 점진적으로 실행되면, 이를 통해 의료 서비스의 질을 유지하며 환경 보호에도 기여할 수 있다.

재사용 의료기구의 세척, 소독, 멸균의 세계

보건복지부 고시 제2020-295호의 '의료기관 사용 기구 및 물품 소독 지침' 일부 개정 발령 내용을 보면 '의료법' 제36조 및 '의료법 시행규칙' 제39조의2에 따라 의료기관에서 환자의 처치에 사용되는 기구 및 물품(일회용품은 제외: 이하 '기구')에 대한 소독 등과 관련한 필요 사항을 규정하고 있다.

의료기관에서 환자의 처치에 사용되는 기구는 환자와의 접촉 방법이나 감염위험도에 따라 고위험기구, 준위험기구 및 비위험기구로 분류될 수 있으며, 필요한 개념에 따라 적절한 멸균 및 소독 방법에 의해 관리되어야 한다.

① 고위험기구(critical instrument): 무균 조직이나 혈관에 삽입되는 기구로 어떤 미생물이라도 오염이 되면 감염의 위험이 매우 높다. 수술기구, 혈관 카테터, 이식물, 무균 조직에 사용되는 초음파 프로브 등이 여기에 속한다. 멸균 과정이 요구되며 고온, 가스, 액체 화학 멸균법을 이용한다. 멸균된 채로 구매하거나 의료기관 내에서 적절한 방법으로 멸균하여 사용하도록 하며, 사용 전에 멸균 상태를 확인한다.

② 준위험기구(semicritical instrument): 점막이나 손상이 있는 피부에 접촉하는 기구로 호흡치료기구, 마취기구, 내시경 등이 여기에 속한다. '높은 수준'의 소독이 요구되며 화학소독제를 사용한 경우 잔류 소독제가 없도록 멸균증류수로 깨끗하게 헹군다. 열에 안전한 의료기구인 경우에는 고온 멸균을 이용한다. 수돗물을 사용해야만 하는 경우라면 사용 후 알코올로 헹구고 압력이 있는 공기로 건조한다.

③ 비위험기구(noncritical instrument): 손상이 없는 피부와 접촉하지만 점막에는 사용하지 않는 기구로 혈압측정기, 청진기, 심전도 도구, 방사선 촬영용 카세트 등이 여기에 속한다. '낮은 수준'의 소독을 적용하며, 사용한 장소에서 소독하여 재사용할 수 있다.

표 3-1의 분류체계는 Earle H. Spaulding이 고안한 분류체계로 미국 FDA에서 약 50년 전부터 사용하고 있으며 우리나라 지침에도 적용 중이다. 이 체계는 감염 전달 위험과 인체 접촉 부위에 따라 의료기기를 분류하며, 일회용 의료기기가 아닌 재사용 의료기기에 적용하는 규정이다.

의료기구는 소독과 멸균 전 세척을 시행하여야 한다(그림 3-4).

표 3-1. 의료기구 분류에 따른 소독과 멸균 방법

분류	해당 기구(예시)	소독 및 멸균 방법
고위험기구 (critical items)	수술기구, 심도관, 요로카테터, 이식물, 내시경 부속품 중 생검 겸자나 절단기, 무균적 체강 내로 삽입되는 초음파 탐침(probe)과 내시경류(관절경, 복강경 등), 전기소작팁(electrocautery tips), 자궁경부 큐렛(endocervical curettes), 이동겸자(transfer forceps), 초고속 치과용 핸드피스를 포함한 치과기구(dental equipment including high speed dental handpieces)	멸균, 화학 멸균
준위험기구 (semicritical items)	내시경류(위내시경, 기관지내시경, 대장내시경 등), 호흡치료기구 및 마취기구, 후두경날(laryngoscope blade), 식도기능검사 카테터(esophageal manometry catheter), 대장항문기능검사 카테터(anorectal manometry catheter), 냉동수술 탐침(cryosurgical probes), 개검기(nasal/anal/vaginal specula), 심폐소생백 마스크(CPR face masks), 유축기구 부속품(breast pump accessories), 직장/질 초음파 탐침	화학 멸균, 높은 수준 소독
비위험기구 (non-critical items)	대소변기, 혈압측정기, 청진기, 심전도 기계 등 손상 없는 피부와 접촉하는 초음파 탐침(복부, 방광 초음파 등)	낮은 수준 소독

(출처: 질병관리본부, 2017.)

그림 3-4. 소독과 멸균 전 의료기구 세척 시행

멸균 및 소독에는 식품의약품안전처에 신고 및 허가받은 의약품, 의약외품, 의료기기 등을 사용하여야 하고, 제품 사용 방법을 반드시 준수해야 한다. 다만, 중간 또는 낮은 수준의 소독에는 미국 FDA, 유럽 CE, 일본 후생성 또는 보건복지부장관이 따로 인정하는 기관에서 인증(허가, 신고, 등록 등 포함)을 받은 제품을 인증 용도에 따라 사용할 수 있다.

멸균 시 주의사항으로 멸균 방법은 멸균 여부를 확인할 수 있는지, 내부까지 멸균될 수 있는지, 물품의 화학적·물리적 변화가 있는지, 멸균 후 인체나 환경에 유해한 독성이 있는지, 경제성 등을 고려하여 선택하도록 한다. 멸균 시 주의사항은 다음과 같다.

① 멸균 전에 반드시 모든 재사용 물품을 세척해야 한다. 만약 유기물이 잔존할 경우에는 미생물이 사멸될 수 없다.

② 멸균할 물품은 건조시켜야 한다.

③ 물품 포장지는 멸균제의 침투 및 제거가 쉬워야 하며, 저장 시 미생물이나 먼지, 습기에 저항력이 있고, 유독성이 없어야 한다.

④ 멸균물품은 챔버 내 용적의 60~70%만 채워 멸균제의 통기가 원활하게 하여야 하며, 가능한 한 같은 재료들을 함께 멸균한다.

의료기관에서는 일반적으로 중앙공급실에서 이 과정을 수행하지만, 중앙공급실이 없거나 운영이 어려운 경우 일회용 의료기기를 사용하기도 한다. 따라서 중앙공급실이 없는 의료기관을 위해 세척, 소독, 멸균 지침을 준수할 수 있는 외부 시설을 마련하는 것도 필요하다.

감염관리 시장의 숨은 보석
– 세척 기업이 성장하는 비결

의료기기 세척 및 소독 시장은 최근 몇 년간 급속히 성장하고 있는데, 이는 의료비 지출 증가와 고급 소독 및 멸균 기술에 대한 관심이 높아졌기 때문이다. 의료기기는 환자 건강에 직접적인 영향을 미치는 중요한 장비로, 감염성 병원균에 노출되거나 환자의 혈류에 직접 연결되는 경우가 많다. 이러한 이유로, 의료기기의 세척과 소독 과정은 감염 예방에 있어 필수적인 절차로 간주되고 있다.

세척은 의료기기 표면의 오염물질을 제거하는 과정이며, 소독과 멸균은 미생물과 병원체 모두를 제거한다. 장치의 위험도에 따라 소독제의 강도와 사용 방법이 달라진다. 세척 과정에서 특히 중요한 것은 생물학적 유해 물질을 안전하게 처리하는 것이며, 물, 세제 또는 효소 세척제를 사용한 사전 세척을 통해 감염 위험을 줄일 수 있다.

COVID-19 팬데믹은 이 시장의 성장을 가속화했다. 팬데믹의 영향으로 많은 국가가 엄격한 봉쇄령을 시행하고, 이에 따라 제조 시설이 일시적 또는 부분적으로 폐쇄되었다. 제조 시설의 폐쇄는 의료기기 세척 시장에도 영향을 미쳤으나, 팬데믹 이후 이러한 시장은 다시 성장 궤도에 올랐다. 신흥 경제국들은 의료기기 세척 시장에서 큰 성장 기회를 제공하고 있으며, 2019년 16억 달러였던 글로벌 의료기기 세척 시장은 2028년에는 32억 달러에 이를 것으로 예상된다(그림 3-5).

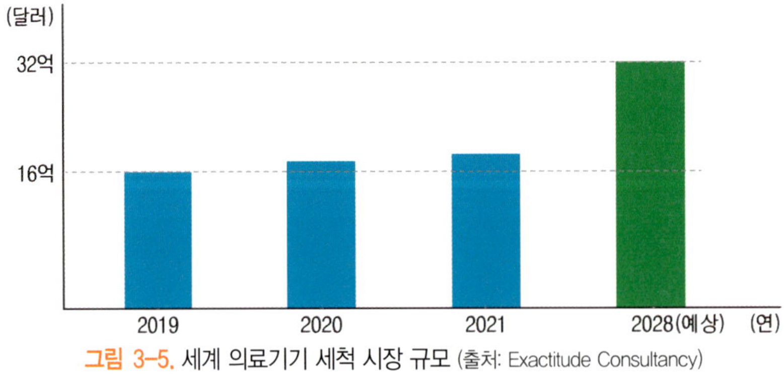

그림 3-5. 세계 의료기기 세척 시장 규모 (출처: Exactitude Consultancy)

미래형 혁신적 공간 설계

– 네이버 1784 신사옥

네이버(Naver)의 신사옥 '1784'는 COVID-19 팬데믹 이후 감염관리와 환경 지속 가능성을 고려하여 설계된 대표적인 사례이다. 1784 사옥은 감염내과 및 산업공학 전문가들로 이루어진 방역 자문단의 도움으로 병원 수준의 방역 체계를 구현해, 안전하고 위생적인 근무 환경을 제공함으로써 높은 평가를 받았다.

네이버 신사옥은 병원의 급기(외부에서 신선한 공기를 실내로 유입시키는 것) 기준과 구역별 공조 장치를 구성하여 감염원이 퍼지지 않도록 구획을 구분하고 있다. 층별로 독립적인 급배기(급기와 배기 방식을 모두 결합하여 외부 공기를 실내로 들여오고, 실내의 오염된 공기를 외부로 내보내는 복합적인 시스템) 시설을 적용하여 감염원이 여러 층으로 전파되는 것을 방지하였다. 엘리베이터 내부에는 공기 순환 방식의 에어컨이 설치되어 있어 내부 공기를 외부로 쉽게 배출하기 어렵다. 이에 따라 감염원을 효과적으로 제거하기 위해 추가로 헤파 필터를 설치하였다.

질병관리청의 권고 방식에 따라서 소독을 주기적으로 시행하며 개인위생을 위한 손 씻기 등의 개인 방역 활동을 지원할 수 있는 환경을 구성하였다. 또한 밀집을 막기 위해서 동선을 분리하고 공용 장소 사용 시간을 연장하여 감염의 확산을 제한함으로써 감염병에 대한 대책을 충분히 세우고 있다.

1784는 손을 대지 않고 모든 시설을 이용할 수 있다. 비접촉 회의실 문(그림 3-6), 얼굴 인식으로 통과하는 스피드 게이트, 네이버주문으로 사전 식사 주문이 가능한 시스템 등 비대면으로 가능한 서비스를 적용했다.

네이버 신사옥은 친환경 기술을 통해 LEED 플래티넘 등급을 획득하며, 환경 보호에 중점을 두었다. 신재생에너지를 적극 활용하고 에너지 고효율 시스템을 도입하여, 사옥의 단위 면적당 에너지 사용량을 기존 업무 시설 대비 약 34% 절감할 수 있었다. 이는 네이버가 친환경 경영을 실천하는 대표적인 사례이다.

그림 3-6. 손을 대지 않고도 문이 열리고 닫히는 '터치 프리' 도어 (출처: 네이버 디자인 블로그)

감염 예방의 새 장
– 다이슨의 친환경 기술

감염관리를 위해 다이슨(Dyson)이 개발한 친환경 핸드 드라이어가 주목받고 있다. 감염관리의 기본이 되는 손 씻기 과정의 문제점 중 하나는 손을 씻은 후 건조하는 과정에서 다시 오염이 발생할 수 있다는 것이다. 특히 공공 화장실에서 다수가 사용하는 면 타월 같은 경우 감염의 원인이 될 수 있다. 일반적으로 의료기관에서는 비용 절감과 사용의 편리함을 위해 핸드 드라이어를 많이 사용하지만, COVID-19 팬데믹 기간 동안 공기 분사가 새로운 오염원을 생성할 수 있다는 지적이 있었다.

이에 대응하여 다이슨은 ESG 경영의 일환으로 헤파 필터를 장착한 핸드 드라이어를 개발하여 화장실 공기 중의 박테리아와 바이러스를 포함하는 0.1μ(마이크론) 크기의 미세 입자를 99.95%까지 제거할 수 있도록 하였다. 이 제품은 영국 공중보건국(Public Health England)의 독립 시험 연구소에서 고농도 오염물질에 대한 필터 테스트를 수행하여 그 효과를 입증받았다. 다이슨 에어블레이드™ 핸드 드라이어(그림 3-7)는 10~14초 내에 손을 건조시킬 수 있으며, 건조 과정에서 손에 있는 박테리아를 최대 40%까지 제거한다는 연구

그림 3-7. 다이슨 에어블레이드 핸드 드라이어 (출처: 다이슨)

결과도 나와 있다.

이 핸드 드라이어는 열을 사용하지 않으며, 헤파 필터를 통해 정화된 공기로 손을 위생적으로 건조하여 탄소 배출을 줄인다. 또한 고출력 분출구로 핸드 드라이어의 헤파 필터를 통해 정화된 공기가 배출되어 손에서 물기를 효과적으로 제거한다.

다이슨의 혁신은 탄소 발자국 감소와 감염관리의 발전을 동시에 이루며, 긍정적 전망을 제시한다. 이러한 전략은 의료기관이 기술과 혁신을 통해 감염관리를 강화하고, 환자와 의료진의 안전을 보장하는 동시에 환경적 지속 가능성을 실천하는 데 크게 기여할 것이다.

감염관리, 의료의 안전을 지탱하는 기둥

공중 보건의 히어로
– 지역 사회를 감염으로부터 지켜내는 법

감염관리는 다양한 방면에서 공중 보건의 중요한 역할을 한다. 의료기관과 지역 사회에서 실행되는 효과적인 감염관리 프로그램은 다양한 측면에서 공중 보건에 긍정적인 영향을 미치고 있다.

첫째, 감염관리는 질병 확산을 방지하는 데 중추적인 역할을 하고 있다. 의료기관 내에서 환자, 의료진, 방문객 간의 감염 전파를 차단함으로써 지역 사회로의 확산을 막고 있다. 이는 전반적인 질병 발생률을 낮추는 데 기여한다.

둘째, 효과적인 감염관리 프로그램은 의료 관련 감염을 크게 줄이고 있다. WHO는 감염관리 프로그램 및 감시체계 운영 등 감염 예방·관리 정책 추진으로 의료 관련 감염이 크게 감소하는 것으로 분석하였다. 효과적 감염관리 프로그램은 30% 이상, 감시체계 운영은 25~57% 의료 관련 감염을 감소시킨다. 이는 환자의 건강 향상뿐만 아니라 의료비용 절감으로 이어지고 있다.

셋째, 항생제 내성 문제를 해결하는 데 감염관리는 중요하다. 적절한 감염관리는 항생제 내성 확산을 제한하는 가장 비용 효과적인 방법으로 인식되고 있다. 이는 장기적으로 공중 보건에 큰 위협이 되는 항생제 내성 문제 해결에 기여하고 있다.

넷째, 감염관리는 공중 보건 위기 대응 능력을 강화시키고 있다. 전염병 대유행과 같은 위기 상황에서 감염관리는 핵심적인 역할을 수행한다. 신속한 감염 통제로 확산을 막고 피해를 줄인다.

다섯째, 감염관리는 건강한 지역 사회 조성에 이바지하고 있다. 손 씻기 등 기본적인 감염관리 수칙교육을 통해 지역 사회 전반의 위생 수준을 높인다. 또한 예방접종 프로그램 등을 통해 지역 사회의 면역력을 강화하는 데 일조하고 있다.

마지막으로, 감염관리는 의료 시스템을 강화하는 데 기여하고 있다. 감염관리는 의료의 질과 환자 안전 향상에 필수적인 요소로 작용한다. 이는 전반적인 의료 시스템의 효율성과 신뢰도를 높이는 데 중요한 역할을 한다.

결론적으로, 체계적이고 효과적인 감염관리 프로그램의 실행은 질병 예방, 의료 질 향상, 비용 절감 등을 통해 전반적인 공중 보건 수준을 크게 향상시킨다. 감염관리는 건강한 사회를 만드는 데 필수 불가결한 요소로 자리 잡고 있으며, 앞으로 그 중요성은 더욱 커질 것으로 예상된다.

의료진의 안전 방패

– 우리가 왜 그들을 지켜야 하는가

의료 종사자들은 환자 치료를 제공하는 과정에서 다양한 위험에 노출되며, 이들의 안전은 의료 서비스의 질과 직결되어 있다. 의료 종사자의 안전은 단순히 개인적인 문제를 넘어서 환자 안전과 공중 보건에 깊은 영향을 미치는 중요한 공적 이슈이다. 의료 종사자들은 질병, 감염, 화학물질, 방사선, 심리적 스트레스 등 다양한 위험 요소에 직면한다. 특히 감염병은 의료 종사자들에게 큰 위협이 되며, COVID-19 팬데믹은 이러한 위험을 전 세계적으로 부각시켰다. 감염병 노출은 의료 종사자의 건강뿐만 아니라 그들의 업무 능력과 환자 치료의 질에도 직접적인 영향을 미친다. 의료 종사자의 안전이 확보되지 않는 환경에서는 환자 안전 역시 위협받는다. 예를 들어, 의료 종사자가 감염된 경우 이는 곧 환자에게 전염될 수 있는 위험으로 이어질 수 있다. 또한 의료 종사자가 신체적 또는 정신적으로 과

로하였을 때 실수 가능성이 증가하고, 이는 환자 안전에 부정적인 영향을 줄 수 있다.

의료 종사자를 보호하는 것은 법적인 책임뿐만 아니라 윤리적인 의무이기도 하다. 의료기관은 직원들이 안전한 환경에서 일할 권리를 보장할 의무가 있으며, 이를 위해 적절한 개인보호장비 제공, 교육 및 훈련 제공, 건강과 안전을 위한 정책 실행 등을 보장해야 한다. 의료 종사자의 안전은 공공 보건 시스템의 지속 가능성과 직결된다. 의료 종사자가 충분히 보호받지 못한다면, 그들의 질병 및 이직률 증가는 결국 의료 시스템 전체의 효율성과 반응성을 저하시킨다. 이는 특히 감염병의 대유행이나 대규모 보건 위기 상황에서 더욱 두드러진다.

의료 종사자의 안전을 보장하기 위해 지속적인 교육과 훈련은 필수이다. 이는 의료 종사자가 잠재적 위험을 인식하고, 적절하게 대응할 수 있는 능력을 갖추도록 돕는다. 또한 비상 상황 발생 시 신속하고 효과적으로 대처할 수 있는 능력을 키울 수 있다.

최신 기술을 활용하여 의료 종사자의 안전을 강화할 수 있다. 예를 들어, 원격 진료 기술은 직접적인 환자 접촉을 줄임으로써 감염의 위험을 줄이고, 자동화된 시스템은 업무 부하를 줄이고 실수를 방지하는 데 도움이 된다.

감염관리는 의료기관 종사자가 안전한 업무 환경에서 근무할 수 있도록 보장하는 데 중요하다. 적절한 개인보호장비(PPE)의 사용, 면역화 및 예방 접종, 그리고 감염 위험의 최소화는 의료기관 종사자의 건강과 안전을 보호한다. 그 결과, 의료기관의 운영 능력이 유지되고 직원의 사기 및 직무 만족도 향상에 기여한다(그림 3-8).

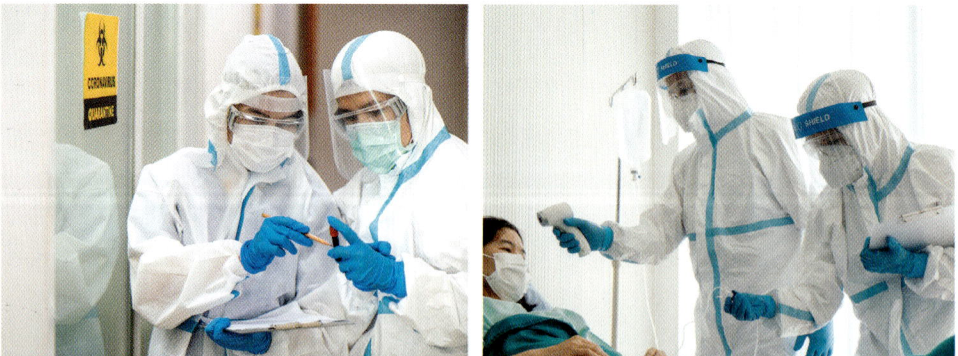

그림 3-8. 감염병동과 의료 종사자

지역 사회와 환자의 힘

– 감염관리의 새로운 주체가 되다

감염관리는 의료기관의 노력뿐만 아니라 지역 사회와 환자의 참여에도 크게 의존한다. 이를 위해 의료기관은 감염 예방의 중요성을 지역 사회와 환자에게 알리는 다양한 교육 프로그램, 워크숍 및 홍보 캠페인을 실시해야 한다. 예를 들어, 한 지역 사회 의료기관에서 손소독제 사용법과 올바른 손 씻기 방법을 교육하는 캠페인을 통해 환자와 방문객에게 개인위생 관리의 중요성을 강조하고자 하였다면, 이러한 노력은 병원 입구, 대기실, 화장실 등에 교육 자료를 배치하고, 지역 사회 센터에서 워크숍을 개최하는 것으로 나타낼 수 있다.

의료기관은 이러한 활동을 통해 감염관리를 의료 직원의 책임에서 지역 사회와 환자가 참여하는 포괄적인 접근으로 전환할 수 있다. 이를 위해 교육 자료는 쉽게 이해될 수 있도록 설계되어야 하는 동시에 다양한 언어로 제공되어 다문화 환경에 적합하게 만들어져야 한다. 또한 의료기관은 주기적으로 이러한 교육 콘텐츠를 업데이트하여 최신의 정보와 방법론을 반영할 수 있어야 한다.

지역 사회를 위한 이와 같은 감염관리 교육과 캠페인은 감염 예방의 기본이 되는 손 씻기와 같은 개인위생 수칙의 지속적인 실천을 장려하고, 감염의 확산을 효과적으로 방지하는 데 큰 도움이 된다. 결과적으로, 이런 노력은 지역 사회 전체의 감염 예방 인식을 높여 건강 수준을 향상시키고, 의료기관 내에서의 감염 사례를 줄이는 데 기여한다.

감염관리에 대한 전반적인 지역 사회와 환자의 참여는 감염 위험을 줄이고, 의료 서비스 효과를 높이는 핵심적 요소이다. 이러한 전략은 의료기관이 사회적 책임을 다하고, 지속 가능한 보건 환경을 조성하는 데 필수적인 요소로 작용한다.

ESG 감염관리 교육

– 모두를 위한 지속 가능한 건강 지식

의료기관에서 감염관리 교육은 직원과 환자의 안전을 보장하며 감염병의 확산을 예방하는 중요한 역할을 한다. 최근에는 이러한 교육 프로그램에 환경적, 사회적 그리고 지배구조 측면을 고려하는 ESG 원칙이 통합되어, 지속 가능한 의료 실천을 촉진하는 방향으로 발전하고 있다.

ESG 기반 감염관리 교육은 전통적인 방법을 넘어, 의료 활동이 환경에 미치는 영향을 최소화하고 사회적 책임을 강화하는 방법을 모색한다. 또한 직원들에게 단순히 감염을 관리하는 기술을 가르치는 것을 뛰어넘어, 의료 활동에서 발생할 수 있는 환경적 영향을 이해하고 이를 줄이는 방법을 교육한다. 그리고 의료기관의 지배구조와 정책 결정 과정에서 지속 가능성을 고려하는 방법에 대해서도 학습하게 된다.

가령, 한 대학병원에서 시행하고 있는 ESG 기반 감염관리 교육 프로그램은 이러한 원칙을 실제 의료 현장에 적용하기 위해 설계되었다. 이 프로그램은 감염 예방과 관리, 환경 보호를 포함한 실천 방안을 포함하여 직원들이 감염관리를 지속 가능한 방식으로 접근하도록 돕는다. 프로그램은 직원들에게 의료 폐기물의 적절한 처리 방법, 에너지 효율적인 의료기기 사용, 그리고 재생 가능한 자원 활용 등을 교육한다.

이러한 교육은 또한 직원들에게 개인과 조직 차원에서 환경을 보호하고 사회적 책임을 이행할 수 있는 구체적인 방안을 제공한다. 예를 들어, 일상적인 의료 활동 중 발생할 수 있는 에너지 소비를 줄이는 방법, 환경친화적인 소독 방법의 선택, 그리고 지역 사회와의 협력을 통해 감염 예방 메시지를 확산시키는 전략 등이 포함된다.

ESG 기반의 감염관리 교육 프로그램을 통해 의료기관은 감염관리를 단순한 의료 행위를 넘어선 지속 가능한 사회 구축의 일환으로 인식하게 된다. 이는 의료기관이 직면한 환경적·사회적 도전에 적극적으로 대응하고, 보다 책임감 있는 방식으로 의료 서비스를 제공하는 데 기여한다. 이러한 접근 방식은 환자와 직원 그리고 지역 사회 전반에 걸친 건강과 안녕을 증진시키는 데 중요한 역할을 한다.

AI 기반 스마트 감염관리 시스템

– 실시간 데이터로 지키는 안전

현대 의료기관에는 환자와 의료진의 건강을 보호하기 위해 통합 감염관리 시스템이 필요하다. 이 시스템에는 감염 식별, 예방, 관리, 모니터링이 포함되어 있으며, AI 기반 데이터 분석 기술을 사용해 감염 위험이 높은 부서를 실시간으로 파악하고 예방 조치를 즉시 시행할 수 있다.

예를 들어, 한 대학병원에서 AI 시스템이 병원 데이터를 분석하여 감염 확산을 방지하고, 감염 사례 모니터링 및 예방 전략을 개선하고 있다고 하자. 이때 디지털 시스템은 체온 측정, 증상 추적 등을 자동화해 의료진이 실시간으로 환자의 상태를 모니터링할 수 있도록 돕는다. 이 시스템은 감염병 확산을 차단하고, 환자와 직원의 안전을 보장하며, 의료 서비스의 질을 높이는 데 중요한 역할을 하게 된다.

AI 기반 예측 모델은 병원 데이터와 외부 데이터를 분석하여 감염 위험이 높은 환자군을 식별하고, 이를 통해 조기 대응 조치를 계획할 수 있다. 계절성 감염병의 발병 가능성을 예측해 병원은 예방 접종 수량을 미리 조정하거나 감염 예방 캠페인과 교육을 강화할 수 있다. 또한 환자 개인의 건강 상태를 분석해 맞춤형 예방 조치를 제공하여, 이를 통해 병원 내 감염 전파를 최소화할 수 있다.

AI 모델의 도입은 의료기관이 감염관리에서 더 과학적이고 효율적인 접근 방식을 취할 수 있도록 하며, 의료 자원 배분의 효율성을 높이고 비용 절감에도 기여할 수 있다. 계속적인 데이터 업데이트와 AI 모델 개선을 통해 감염 예측 정확도를 높일 수 있으며, ESG 목표 달성에 기여하는 지속 가능한 운영을 실현할 수 있다.

AI 기술은 의료기관이 감염관리를 현대적이고 지속 가능할 수 있게 해결책을 제공하는 중요한 도구가 된다(그림 3-9).

그림 3-9. 미래 의료기관의 감염관리

원격의료의 확장
– 감염관리의 경계를 넘어

원격 진료 및 모니터링 시스템은 의료 접근성을 높이고 감염 위험을 감소시키는 현대적 의료 기술의 중요한 부분이다. 이 시스템 덕분에 환자는 병원에 직접 가지 않고도 진료를 받을 수 있으며, 특히 감염병 대유행 시 의료 서비스의 연속성을 보장한다. COVID-19 팬데믹 동안 많은 의료기관이 원격 진료 기능을 확대하여 환자와 의료진의 안전을 우선시하며 진료를 지속할 수 있었다.

원격 진료는 환자와 의료진 사이의 물리적 거리를 제거함으로써 감염의 위험 없이 의료 상담, 진단, 심지어 일부 치료까지 가능하게 한다. 이 시스템은 특히 의료 접근성이 제한된 지역, 고령자, 이동성이 제한된 환자들에게 큰 혜택을 제공한다. 또한 원격 모니터링 기술을 통해 의료진은 환자의 건강 상태를 실시간으로 확인하고, 필요한 경우 즉각적인 의료 조치를 취할 수 있다.

원격 진료의 효과는 감염병 외에도 다양한 의료 상황에서 입증되었다. 예를 들어, 만성 질환 관리, 정신 건강 서비스 그리고 임신 관리 등에서 원격 진료는 환자에게 지속적으로 의료 서비스를 받을 수 있는 경로를 제공한다. 이로 인해 의료 자원이 효율적으로 사용되며, 환자 만족도와 치료 결과가 향상된다.

이러한 원격 진료 시스템의 도입은 의료기관에 대한 투자와 기술적 준비를 요구한다. 의료기관은 적절한 IT 인프라와 보안 시스템을 갖추어 환자 정보를 보호하고 의료 서비스의 질을 유지해야 한다. 진료 데이터의 보안과 개인 정보 보호는 원격 진료 시스템의 성공적인 운영을 위한 필수 요소이다.

결론적으로, 원격 진료 및 모니터링 시스템은 의료 서비스의 지속 가능성을 높이고, 의료 접근성을 강화하며, 감염 위험을 줄이는 데 중요한 역할을 한다. 이는 의료기관이 ESG 목표를 달성하고, 모든 환자에게 고품질의 의료 서비스를 제공하는 데 기여하는 혁신적인 방법으로 자리매김하였다(그림 3-10).

그림 3-10. 원격으로 약물 설명을 듣는 환자

지배구조가 좌우하는 지속 가능한 감염관리

위기 상황에서 중요한 감염관리

위기 상황에서 감염관리 계획은 의료기관의 안전성과 대응 능력을 결정짓는 중요한 요소이다. 특히 COVID-19와 같은 팬데믹 상황에서는 빠른 대응과 확산 방지를 위해 구체적인 계획이 필수적이다. 이러한 상황에서, 의료기관은 체계적으로 감염관리체계를 수립하고 위기 상황에 맞는 대응을 실행해야 한다.

COVID-19 대유행 시 세계보건기구(WHO)는 국제적 공중 보건 비상사태(public health emergency of international concern; PHEIC)를 선포하고, 이에 따른 국제적인 감염 대응 체제를 가동하였다(Box 3-1).

WHO의 위기 선언은 질병이 특정 국가나 지역을 넘어, 국제적으로 확산되어 다른 나라의 공중 보건에 위협이 된다고 판단될 때 이루어진다. PHEIC는 여러 차례 발동된 바 있으며, 2009년 신종플루, 2014년 소아마비(파키스탄), 2016년 지카바이러스, 2014년과 2019년 에볼라바이러스, 그리고 2020년 COVID-19 대유행, 2022년과 2024년 엠폭스를 포함한 위기 상황에서 발동되었다(표 3-2).

Box 3-1

WHO의 위기 선언 조건

1. 공중 보건에 미치는 영향이 심각한 경우
2. 사건이 이례적이거나 예상하지 못한 경우
3. 국가 간 전파 위험이 큰 경우
4. 국제 무역이나 교통을 제한할 위험이 큰 경우 등의 요건 중 2개 이상 해당될 때 선언

[출처: 세계보건기구(WHO)]

표 3-2. WHO의 위기 선언

순서	사 태	질병원	선포 시기
1	신종플루(대유행)	인플루엔자바이러스(A/H1N1)	2009년 4월
2	야생형 소아마비(유행)	야생형폴리오바이러스(WPV)	2014년 5월
3	서아프리카 에볼라(유행)	자이르에볼라바이러스(EBOZ)	2014년 8월
4	아메리카 대륙 지카바이러스(유행)	지카바이러스	2016년 2월
5	콩고민주공화국 키부 에볼라(유행)	자이르에볼라바이러스(EBOZ)	2019년 7월
6	코로나바이러스감염증-19(대유행)	제2형사스-코로나바이러스 (SARS-CoV-2)	2020년 1월
7	엠폭스(유행)	원숭이두창바이러스(MPXV)	2022년 7월, 2024년 8월

국제적 위기관리체계는 감염병 대응의 6단계 중 4단계에 해당하며, 이를 통해 감염병의 확산을 막기 위한 구체적인 계획과 조치가 마련된다. 특히 COVID-19는 이러한 대응 단계를 따라 2020년 3월 11일 WHO에 의해 팬데믹으로 공식 선언되었으며, 이는 전 세계적으로 감염관리의 필요성과 대응 방식을 재정립하는 중요한 전환점이 되었다(Box 3-2).

한국에서는 1963년에 '감염병의 예방 및 관리에 관한 법률'을 제정하고, 이후 2006년 조류독감 파동을 계기로 국가적 위기관리체계를 구축하였다. 국가 위기 상황에서 감염병의 확산을 막기 위한 단계적 대응이 이루어지며, 해외 신종 감염병이 발생하거나 우리나라에

Box 3-2 **WHO의 감염병 대응 단계**

1단계: 동물 사이에 한정된 전염으로 사람에게는 안전한 상태

2단계: 동물 사이에 전염되다가 소수의 사람들에게도 전염된 상태

3단계: 사람들 사이에 전염이 증가한 상태

4단계: 에피데믹(epidemic). 사람들 사이에 전염이 급속히 퍼지기 시작, 세계적 유행병 발생 초기 상태

5단계: 동일 대륙의 최소 2개국에서 병이 유행, 전염병 대유행 임박

6단계: 팬데믹(pandemic). 다른 권역의 국가에서도 추가로 전염 발생, 전염병 대유행

[출처: 세계보건기구(WHO)]

서 원인불명의 감염병이 관찰될 경우 관심 단계를 발동하여 초기 징후를 살피게 된다. 감염병의 확산이 제한적인 상황에서는 주의 단계로 격상되며, 더 심각한 지역 사회 확산이 발생할 경우 경계 단계로 전환되어 범정부적 대응이 시작된다. 감염병이 전국적으로 확산될 위험이 있다고 판단될 경우 심각 단계로 격상되어 정부의 모든 자원이 동원되며 감염 확산을 막기 위한 조치들이 적극적으로 시행된다.

대한민국의 감염병 대응체계는 1~4급까지 법정감염병으로 분류되는데, 에볼라, 사스, 메르스와 같은 신종 감염병은 1급에 포함되어 엄격하게 관리되고 있다. 이 과정에서 환자 격리, 감염 경로 차단을 위한 환경 위생관리 등이 중요한 역할을 한다. COVID-19 팬데믹 시기 동안 의료기관은 환자 격리와 방역 인프라 강화를 통해 감염 확산을 차단하는 데 집중하였다.

감염관리 계획의 중요성은 위기 상황에서 더욱 부각된다. 감염원에 대한 대비책을 사전에 마련하고 신속하게 대응할 수 있는 능력이 있는 의료기관은 팬데믹과 같은 대규모 감염병 발생 시 피해를 최소화할 수 있다. 감염 경로를 차단하고 확산을 억제하는 조치는 환자와 의료진의 안전을 보장할 뿐만 아니라, 지역 사회의 공중 보건을 보호하는 데도 중요한 역할을 한다.

따라서 감염관리 계획은 단순히 의료기관 내부의 방역 조치에 그치는 것이 아니라 국제적, 국가적 차원에서의 위기 대응 전략과 연계되어야 한다. 이를 통해 전 세계적으로 감염

병 확산을 막고, 팬데믹 상황에서도 안전한 의료 환경을 유지할 수 있다.

감염의 숨겨진 비용

– 감염으로 인한 경제적 여파

의료 관련 감염(Healthcare–Associated Infection; HAI)은 입원뿐 아니라 외래진료를 포함하여 의료기관 내에서 의료 행위와 관련된 감염을 말하며, 이는 의료 종사자 등 관련 종사자들의 감염까지 포함된다. 노령 인구와 만성 퇴행성 질환 및 면역 저하 환자 등 감염에 취약한 계층의 증가로 의료 관련 감염 발생이 증가하고 있다. 의료 관련 감염 발생은 환자군 특성, 병원 특성, 감염 종류에 따라 다르지만 급성기 입원 환자의 5~15%에서 발생하는 것으로 추정되며, 특히 중환자실을 중심으로 요로감염, 혈류감염, 폐렴순으로 발생빈도가 높은 것으로 알려져 있다. 전 세계적으로 의료기관들이 직면하고 있는 중대한 공중보건 문제 중 하나이며, 환자의 건강과 생명에만 영향을 미치는 것이 아니라 의료 시스템의 경제적 부담 또한 심각하게 증가시킨다.

의료 관련 감염이 발생하면 환자 치료 과정의 복잡성과 기간 연장이 발생한다. 추가적인 약물 치료, 수술 및 기타 의료 조치가 필요할 수 있으며, 이는 직접적으로 의료비용을 증가시킨다. 이러한 비용은 감염의 심각성과 관련되어 있으며, 특히 중환자실에서 감염이 발생할 경우 비용이 급격히 증가한다.

의료 관련 감염은 환자의 입원 기간을 늘린다. 이는 병상의 회전율을 저하시키고 다른 환자들의 입원 기회를 제한할 수 있다. 입원 기간 연장으로 운영 효율성이 저하되어 결과적으로 의료 서비스 제공에 대한 전반적인 비용이 증가한다.

의료 관련 감염은 의료 종사자들에게도 부담을 준다. 감염관리와 관련된 추가적인 조치들은 의료 인력의 업무 부하를 증가시키며, 이로 인해 전반적인 업무 효율이 저하될 수 있다. 또한 감염된 환자를 치료하는 의료 종사자들은 감염 위험에 노출되어 자신의 건강도 위협받을 수 있다.

의료 관련 감염이 발생하면 환자 또는 가족들로부터의 법적 소송에 직면할 가능성이 있다. 이러한 소송은 의료기관에 상당한 재정적 부담을 주며, 장기적으로는 의료기관의 평판

과 신뢰도에 부정적인 영향을 미칠 수 있다. 평판 손상은 잠재적 환자들의 의료기관 선택에 영향을 미쳐, 수익 감소로 이어진다.

의료 관련 감염을 예방하기 위해 의료기관은 감염관리 프로그램에 지속적으로 투자해야 한다. 이러한 투자에는 교육, 감염관리 전문 인력의 고용, 적절한 위생 및 소독 설비의 유지보수 등이 포함된다. 이는 단기적으로는 비용이 증가하는 요인이지만, 장기적으로는 감염률을 감소시키고 관련 비용을 절감하는 데 도움이 된다.

의료 관련 감염의 경제적 영향은 의료기관뿐만 아니라 전체 의료 시스템에 큰 부담을 주기 때문에 이를 줄이기 위한 효과적인 감염관리 전략이 매우 중요하다. 감염의 예방과 관리는 단순히 비용 절감을 넘어서 환자의 건강을 보호하고 의료 서비스의 질을 향상시키는 핵심적인 요소이다.

ESG 기반 감염관리 정책
– 안전을 위한 새로운 설계

의료법 제47조제1항에 따라 보건복지부령으로 정하는 일정 규모 이상의 병원급 의료기관(100개 이상의 병상을 갖춘 병원급 의료기관)의 장은 의료 관련 감염 예방을 위하여 감염관리위원회와 감염관리실을 설치·운영하고 보건복지부령으로 정하는 바에 따라 감염관리 업무를 수행하는 전담 인력을 두는 등 필요한 조치를 하여야 한다.

의료법 시행규칙 제43조제2항과 제3항에 감염관리위원회와 감염관리실의 수행 업무가 지정되어 있다. 의료법 시행규칙 제44조에는 “의료기관 감염관리위원회는 위원장 1명을 포함한 7명 이상 15명 이하의 위원으로 구성하며 위원장은 해당 의료기관의 장으로 한다.”라고 되어 있다.

의료법에 의해 운영되는 의료기관의 감염관리 정책 수립은 단순한 프로토콜 설정을 넘어 지속 가능한 의료 실천과 직결되며, 이는 ESG 원칙에 기초하여 이루어져야 한다.

국제 규제의 미로
– 글로벌 스탠다드를 맞추기 위한 노력

의료기관의 감염관리는 국제적인 의료 표준을 충족시키고 글로벌 보건 규제를 준수하는 데 핵심적인 역할을 한다. 의료기관들은 감염관리를 통해 다양한 방식으로 국제 무대의 법규와 규제에 대응하고 있으며, 이는 의료의 질과 환자 안전을 보장하는 데 중요한 요소로 작용한다.

먼저, 감염관리는 국제 표준을 준수하는 데 있어 핵심적이다. 많은 의료기관들이 WHO(World Health Organization, 세계보건기구)의 감염관리 지침을 기반으로 프로그램을 수립하고 있으며, JCI(Joint Commission International, 국제의료기관평가위원회) 등 국제 인증 기준을 충족하기 위해 체계적인 감염관리 시스템을 구축하고 있다. 또한 OECD(Organization for Economic Cooperation and Development, 경제협력개발기구) 국가들의 의료 질 지표 중 감염관리 관련 항목을 달성하기 위해 지속적인 노력을 기울이고 있다.

둘째, 감염관리는 글로벌 보건 위기 대응력을 강화하는 데 중요한 역할을 한다. 의료기관들은 국제보건규약(International Health Regulations; IHR) 준수를 위해 감염병 감시 및 보고 체계를 구축하고 있으며, 팬데믹 대비 계획에 감염관리 요소를 통합하고 있다. 또한 신종 감염병에 대한 신속한 대응 프로토콜을 마련함으로써 글로벌 보건 위기에 효과적으로 대처할 수 있는 능력을 갖추고 있다.

셋째, 감염관리는 국가 간 협력을 증진시키는 데 기여한다. 많은 의료기관들이 감염관리 모범 사례(best practice)를 공유하기 위한 국제 네트워크에 참여하고 있으며, 다국적 임상 연구 및 감염 감시 프로그램에도 적극적으로 참여하고 있다. 일부 선진 의료기관들은 개발도상국 의료진을 대상으로 감염관리 교육 프로그램을 운영하며 국제 협력에 이바지한다.

마지막으로, 감염관리 규제를 준수함으로써 의료기관의 신뢰도가 높아진다. 많은 의료기관들이 국제 기준에 부합하는 감염관리 성과 지표를 관리하고 공개함으로써 투명성을 높이고 있다. 글로벌 의료 관광객 유치를 위해 자신의 우수한 감염관리 수준을 적극적으로 홍보하고 있으며, 다국적 제약회사 및 의료기기 업체와의 협력 시에도 엄격한 감염관리 기준을 충족시키고 있다.

이러한 노력으로 의료기관들은 국제 법규 및 규제에 적극 대응하며, 글로벌 스탠다드에 부합하는 의료 서비스를 제공한다. 감염관리는 단순한 규제 준수를 넘어 의료의 질과 환자 안전을 보장하는 핵심 요소로 자리 잡고 있으며, 이는 곧 의료기관의 국제 경쟁력 강화로 이어진다. 앞으로도 감염관리는 글로벌 의료 환경에서 더욱 중요한 역할을 할 것으로 예상되며, 의료기관들은 이에 대한 지속적인 투자와 혁신을 통해 국제 무대에서의 위상을 높여 갈 것으로 기대된다.

성과 측정의 예술

- ESG와 감염관리의 성공을 수치로 입증

의료기관에서 감염관리는 단순히 환자의 건강을 보호하는 것을 넘어서 ESG(환경, 사회, 지배구조)의 관점에서 중요한 지속 가능성 목표와 연계되어 있다. 감염관리에 대한 구체적이고 측정 가능한 성과 지표의 설정은 ESG 목표를 효과적으로 달성하기 위한 필수 요소이다. 이러한 성과 지표는 감염률의 감소, 재활용 가능한 의료 소모품의 사용 증가, 에너지 효율적인 소독 방법의 도입 등을 포함하여 의료기관의 환경 발자국을 줄이는 동시에 환자와 직원의 안전을 보장한다.

예를 들어, 한 병원에서 실시한 ESG 목표와 연계된 감염관리 성과 지표 설정이 감염률을 연간 20% 감소시키는 것과 재활용 가능한 개인보호장비(PPE) 사용을 50%까지 늘리는 것을 목표로 한다고 하면, 이러한 목표는 병원의 지속 가능성과 직결된다. 또한 감염관리의 효율성뿐만 아니라 환경에 대한 책임을 강화하는 데 기여한다. 병원은 이 목표들을 자체 ESG 보고서에 명시하고, 정기적인 검토를 통해 내부 및 외부 이해관계자와 진행 상황을 공유한다.

이러한 성과 지표의 설정은 병원이 감염관리에서 단순히 반응적으로 행동하는 것만이 아니라, 능동적이고 예방적인 접근을 통해 지속 가능한 의료 서비스를 제공하는 데 중요하다. 병원은 이를 통해 감염 위험을 최소화하고, 의료 서비스의 효과를 극대화하며, 환경 보호에도 기여한다. 또한 이 과정에서 의료기관은 다양한 이해관계자와의 협력을 강화하고,

투명성을 증진시키며, 환자 및 직원의 만족도를 높이는 결과를 도출한다.

이와 같은 접근 방식은 의료기관의 지속 가능한 발전 목표(SDGs)에 기여하며, 보다 넓은 사회적·환경적·경제적 영향을 고려하는 종합적인 의료 서비스를 제공하는 데 중심적인 역할을 한다. 의료기관의 감염관리 성과 지표 설정과 이행은 감염률 감소뿐만 아니라, 전체 의료 시스템의 지속 가능성을 향상시키는 중요한 기반이 된다.

제 4 장

ESG, 의료계 성공 사례의 보고

한국 의료계의 ESG 영웅들

2023년 5월, 한국보건산업진흥원은 국민건강보험공단에 '국민보건 향상을 위한 의료기관 ESG 활동모델 개발'이라는 제목의 연구용역보고서를 제출하였다. 이 연구는 의료기관이 ESG 활동을 준비하고 실행할 때 참고할 수 있는 'KH-ESG(Korea Healthcare ESG Guideline)' 가이드라인을 제안한다. 이 가이드라인은 의료기관의 특성을 고려하여 개발되었으며, 국내·외 여러 가이드라인을 종합하여 우리나라 상황에 맞게 수정 및 적용하는 방식으로 구성되었다.

KH-ESG 가이드라인 개발 과정은 다음 내용과 같다.

기본 구조는 2021년에 산업통상자원부가 발표한 'K-ESG 가이드라인'을 기본으로 삼았다. 이는 글로벌 차원의 여러 가이드라인을 종합하여 우리나라 특성에 맞게 개발된 표준이다. K-ESG 가이드라인은 일반 기업을 대상으로 한 것이라 의료기관의 특성을 충분히 반영하지 못하였다. 따라서 국제적 가이드라인인 SASB의 관련 부분과 우리나라 의료기관에 적용되는 평가/인증 기준을 참고하여 의료기관의 특성을 반영하였다.

K-ESG 가이드라인 기준 중에서 의료기관에 그대로 적용 가능한 기준, 적용하기 부적절한 기준을 구분한 후, 의료기관의 특성을 반영하여 몇 가지 기준을 수정하거나 추가하였다. 의료기관은 ESG 경영을 도입할 때 이 가이드라인을 바탕으로 자체 운영 특성을 고려한 중대성 평가를 실시해야 한다. 또한 'KH-ESG 가이드라인'과 'K-ESG 가이드라인', 한국ESG기준원의 모범규준(그림 4-1), GRI(Global Reporting Initiative, 글로벌 보고

이니셔티브), SASB(Sustainability Accounting Standards Board, 지속 가능성 회계 기준 위원회) 등 다른 가이드라인을 참고하여 보고 항목, 지표 및 그 검증 방법을 선택적으로 적용할 수 있다. 이는 의료기관이 자신의 특성과 상황에 맞는 ESG 활동을 계획하고 실행하는 데 도움을 줄 것이다.

그림 4-1. 한국ESG기준원의 'ESG 모범규준' 표지와 목차

1. 조직의 일반적 사항(4개 범주, 8개 진단 항목)

표 4-1. KH-ESG 가이드라인 조직의 일반적 사항

범주	진단 항목	항목 설명
조직의 일반적 사항	O-1-1. 조직 소개	주요 사업과 활동 지역, 임직원 구성
	O-1-2. 정관의 주요 내용과 의료기관장 선임 방법	의료기관 경영 주체의 구성과 운영 기준
조직의 사회적 정당성 확보 활동	O-2-1. 사회적 책임	의료기관 경영의 사명과 목적
	O-2-2. 사회적 책임을 위한 활동	윤리경영, 행동강령 등
이해관계자 소통	O-3-1. 주요 이해관계자	의료기관의 주요 이해관계자 집단
	O-3-2. 이해관계자 소통 활동	고객만족도 조사, 직원만족도 조사, 지역주민참여위원회 등
ESG 활동	O-4-1. ESG 활동과 기본 경영활동의 연계	ESG 관련 최고경영진의 활동, ESG 활동과 경영 활동의 연계 방법 등
	O-4-2. ESG 중대성 평가	중요 ESG 활동 선정을 위한 중대성 평가 방법과 결과

(출처: 한국보건산업진흥원)

2. 정보공시(3개 범주, 7개 진단 항목)

표 4-2. KH-ESG 가이드라인 정보공시

범주	진단 항목	항목 설명
정보공시 형식	P-1-1. 정보공시 방식	정보 수요자의 접근성을 향상시키기 위한 ESG 정보공시 방식
	P-1-2. 정보공시 주기	정보 수요자의 의사 결정 및 판단에 필요한 적시성 있는 ESG 정보를 정기적으로 제공
	P-1-3. 정보공시 범위	조직의 ESG 활동 및 성과를 충분히 대표해서 나타내는 정보의 공시
정보공시 내용	P-2-1. ESG 핵심 이슈 및 KPI	조직의 성과 및 환경/사회에 영향력을 미치는 핵심 이슈를 정의하고, 핵심지표를 관리
	P-2-2. 회계	의료기관의 경영 상태를 적절히 반영하는 회계정보의 공개
	P-2-3. 질 지표	의료기관의 질적 수준을 적절히 반영하는 질 지표의 공개
정보공시 검증	P-3-1. ESG 정보공시 검증	조직이 대외 공시하는 정보의 타당성/신뢰성/투명성을 확보하기 위한 방법

(출처: 한국보건산업진흥원)

3. 환경(7개 범주, 13개 진단 항목)

표 4-3. KH-ESG 가이드라인 환경 영역

범주	진단 항목	항목 설명
환경경영 목표와 체계	E-1-1. 환경경영 목표 수립	환경경영을 위한 구체적 계획과 목표 설정
	E-1-2. 환경경영 추진체계	환경경영을 위한 전사적 준비 및 교육 훈련, 성과 모니터링 체계
온실가스	E-2-1. 온실가스 배출량 (Scope1 & Scope2)	조직이 직접 통제하는 물리적 경계 내에서 에너지 사용으로 인해 발생하는 온실가스 배출량 감축 노력과 성과
	E-2-2. 온실가스 배출량 검증	온실가스 배출 감축 노력의 진실성/투명성 확보
폐기물	E-3-1. 폐기물 배출량	조직이 직접 통제하는 물리적 경계 내에서 사업 활동 중에 발생하는 폐기물을 감축하기 위한 활동과 성과
	E-3-2. 의료폐기물 배출량	조직이 직접 통제하는 물리적 경계 내에서 사업 활동 중에 발생하는 의료폐기물을 감축하기 위한 활동과 성과
	E-3-3. 의료폐기물 처리 방법	의료폐기물 처리 방법 및 과정의 적절성
에너지	E-4-1. 에너지 사용량	조직이 직접 소유, 관리, 통제하는 사업장 내에서 사용하는 에너지 총량을 절감하는 활동과 그 성과
	E-4-2. 재생에너지 사용 비율	조직이 에너지 체계를 재생에너지로 전환하는 활동과 그 성과
용수	E-5-1. 용수 사용량	조직이 사용하는 용수 총량의 관리 활동 및 그 성과
오염물질	E-6-1. 대기오염물질 배출량	대기오염물질 저감 노력 및 그 성과
	E-6-2. 수질오염물질 배출량	수질오염물질 저감 노력 및 그 성과
환경 법/규제 위반	E-7-1. 환경 법/규제 위반	환경 법/규제 위반 건수 및 그로 인한 부담

(출처: 한국보건산업진흥원)

4. 사회/이해관계자 중 환자(8개 범주, 10개 진단 항목)

표 4-4. KH-ESG 가이드라인 환자 관련 범주와 지표

범주	진단 항목	항목 설명
환자정보보호	S-1-1. 환자정보보호	환자 관련 정보 보호를 위한 관리적, 기술적, 물리적 측면의 활동과 그 성과
의료 서비스의 질	S-2-1. 의료 서비스의 질 향상	의료 서비스의 질 지표를 모니터링하고 향상하기 위한 활동과 그 성과
환자 안전	S-3-1. 환자 안전 활동	환자 안전 측면의 성과 지표를 모니터링하고 개선하는 활동과 그 성과
환자 만족도	S-4-1. 환자 만족도 향상	환자 만족도 향상을 위한 활동과 그 성과
비용 청구의 투명성	S-5-1. 비급여진료비용 고지	환자 및 보호자에게 비급여진료비용을 고지하는 방법
	S-5-2. 청구 투명성 제고 노력	부정청구 방지 및 청구 투명성 제고 노력
취약계층 진료	S-6-1. 취약계층 환자 진료 활동	의료수급권자 등 취약계층 진료를 위한 활동
필수의료 진료	S-7-1. 필수의료 진료 활동	필수의료 분야의 진료를 유지하기 위한 활동
위험관리	S-8-1. 화재 위험관리	화재 예방 및 대응 훈련
	S-8-2. 화재 외 위험관리	진료 과정에 동반되는 각종 위험물질 노출 등의 위해 방지 활동

(출처: 한국보건산업진흥원)

5. 사회/이해관계자 중 조직구성원(7개 범주, 17개 진단 항목)

표 4-5. KH-ESG 가이드라인 사회(조직구성원) 영역의 진단 항목

범주	진단 항목	항목 설명
인적 자원관리의 공정성 및 차별 금지	S-9-1. 정규직 비율	정규직 비율
	S-9-2. 자발적 이직률	자발적 이직률
	S-9-3. 급여공정성	성, 연령, 고용 형태별 급여 차이: 차이의 적절성
	S-9-4. 교육훈련비	성, 연령, 고용 형태별 교육훈련비 차이: 차이의 적절성
	S-9-5. 복리후생비	성, 연령, 고용 형태별 복리후생비 차이: 차이의 적절성
	S-9-6. 장애인 고용	장애인고용률
	S-9-7. 인사/상벌위원회	인사/상벌위원회의 구성과 운영의 적절성
일과 생활의 균형	S-10-1. 육아휴직 사용	육아휴직 비율
	S-10-2. 육아휴직 후 근무 지속	육아휴직 후 근무 지속 비율
노동	S-11-1. 결사의 자유 보장	자발적 노동조합 결성 또는 노사협의회 설치 운영
	S-11-2. 고충 처리	고충 처리 절차 및 실적
산업안전	S-12-1. 안전보건 추진 체계	조직구성원 및 협력업체 근로자의 건강 및 안전 확보 활동과 실적
	S-12-2. 산업재해	산업재해로 인한 노동손실일수, 산업재해율
인권	S-13-1. 인권정책 수립	인권정책 및 관행
	S-13-2. 직장 내 괴롭힘 방지	직장 내 괴롭힘 방지 활동 및 그 성과
개인 정보 보호	S-14-1. 근로자 개인 정보 보호	보호 활동 및 실적
사회 법/규제 위반	S-15-1. 사회 법/규제 위반	위반 사례 및 건수

(출처: 한국보건산업진흥원)

6. 사회/이해관계자 중 지역 사회(2개 범주, 4개 진단 항목)

표 4-6. KH-ESG 가이드라인 사회(지역 사회) 영역의 진단 항목

범주	진단 항목	항목 설명
동반성장	S-16-1. 의료기관 간 협력	의료기관 간 협력활동 내용과 실적
	S-16-2. 건전한 거래 관행	조달 및 외주용역 업체 간 거래의 건전성
지역 사회	S-17-1. 전략적 사회 공헌	취약계층 및 사각지대 개인 및 집단에 대한 의료 지원
	S-17-2. 구성원 봉사 참여	조직구성원들의 자발적 지역 사회 봉사활동

(출처: 한국보건산업진흥원)

7. 지배구조(3개 범주, 8개 진단 항목)

표 4-7. KH-ESG 가이드라인 지배구조 영역의 진단 항목

범주	진단 항목	항목 설명
이사회 구성 (최고경영진의 구성)	G-1-1. 이사회(최고의사결정 기구) 내 ESG 안건 논의	최고의사결정 기구의 ESG 활동 점검 및 지원
	G-1-2. 사외이사 비율과 전문성	사외이사의 비율과 의료기관 경영 전문성
	G-1-3. 이사회 성별 다양성	이사회의 성별 균형
이사회 운영	G-2-1. 전체 이사 출석률	최고의사결정 기구의 실질적 운영 및 외부 견제
	G-2-2. 사내이사 출석률	최고의사결정 기구의 실질적 운영
	G-2-3. 이사회 안건 처리	최고의사결정 기구에서 논의되는 주된 내용
윤리경영 및 감사기구	G-3-1. 내부 감사 부서	내부 감사 부서의 설치 및 전문성
	G-3-2. 윤리규범 위반 공시	윤리규범 위반 사항 공시

(출처: 한국보건산업진흥원)

우리나라 의료기관은 ESG 경영 도입 단계에 있으며, ESG 경영을 추진하고 있는 주요 기관들은 가톨릭의료원, 강북삼성병원, 고려대의료원, 삼성서울병원, 서울대학교치과병원, 서울아산병원, 세종병원, 전남대학교병원 등이다.

친환경 측면에서는 효율적인 에너지 관리, 종이 서류 없는(paperless) 의료 환경 조성, 친환경 제품 구매 및 일회용품 최소화, 환자 응대 및 서비스 질 향상, 차량 배출 가스 최소화 등의 활동을 실천하고 있다. 구체적인 활동은 의료 폐기물 줄이기 및 식당 잔반 줄이기, 개인 컵 사용과 장례식장 일회용품 감축, 태양광 발전, 병원 내 종이 서류 위주 회의에서 종이 서류 없는 회의로 전환, 진료비 상세내역서 양식 개선을 통한 용지 비용 절감 등이 있다.

사회활동 기여 측면에서는 환자와 따뜻한 동행, 환자 안전, 환자 공감, 환자 중심 시설 안전점검, 지역 사회와 함께하는 병원, 의료 소외계층 지원사업 활동 강화, 행복한 직장 만들기, 직원 인권 보장, 즐거운 직장 분위기 등이 있다.

투명경영을 위한 지배구조 측면에서는 병원 주요 정책 공유, 직원과 함께 경영 실적 공유 등을 실천하고 있다. 각종 회의체 활성화로 원활한 의사소통을 유도하며, 내부 업무 표준화 및 임직원 참여 확대를 통해 투명한 의사 결정과 공정한 인사제도를 도입하고, 정보 공개를 확대하고 있다.

가톨릭의료원

– 교황의 가르침을 의료 현장에서 실천하였다

프란치스코 교황(그림 4-2)은 2015년 발표한 회칙 “찬미받으소서(Laudato Si')”와 2023년 발표한 권고문 “하느님을 찬양하여라(Laudate Deum)”를 통해 ESG 경영의 중요성을 강조하였다. 이 문서들은 환경 보호와 기후 위기 대응, 사회적 책임, 그리고 윤리적 경영의 필요성을 강조하며 ESG 원칙과 긴밀히 연결되어 있다.

2023년, 교황은 “하느님을 찬양하여라”를 통해 기후 위기의 심각성을 재차 강조하였다. 이 권고문에서 교황은 현대 사회에서의 인간과 기술의 관계를 재조명하며, 지속 가능한 생활 방식의 중요성을 강조하였다. 특히 인간 중심주의와 무분별한 기술 의존성을 비판하며, 모든 창조물과의 조화로운 공존을 촉구하였다.

2024년에는 교황의 이러한 메시지가 더욱 구체화되어 실천으로 이어졌다. 바티칸 시국은 2050년까지 탄소중립을 달성하겠다는 목표를 세우고, 재생에너지 사용 확대, 폐기물 관리 개선, 친환경 차량 도입 등 다양한 환경 정책을 실행하고 있다. 또한 교황은 전 세계

가톨릭교회에 ESG 원칙을 적용한 경영을 권고하고 있으며, 이에 따라 많은 교구와 가톨릭 기관들이 환경 보호와 사회적 책임을 강화하는 정책을 도입하고 있다.

프란치스코 교황은 환경 측면에서의 에너지 효율성 향상, 적절한 폐기물 관리, 지속 가능한 자원 사용을 통해 환경 발자국을 줄이고 생태계 보전에 기여해야 한다고 강조한다. 사회 측면에서는 환경 정의의 중요성을 언급하며, 부유한 국가와 가난한 국가 간, 그리고 세대 간의 불평등을 해소할 필요성을 제기하고 있다. 지배구조 측면에서는 윤리적 경영과 투명성의 중요성을 강조하고 있다.

특히 교황은 교육과 영적 변화의 필요성을 중요하게 다룬다. 환경 문제에 대한 근본적인 해결을 위해 개인과 공동체의 의식 변화가 필요하며, 이는 교육을 통해 달성될 수 있다고 설명한다. 이에 따라 가톨릭 학교와 교육 기관들은 환경 교육을 강화하고, 지속 가능한 생활 방식을 가르치는 프로그램을 확대하고 있다.

프란치스코 교황의 이러한 메시지와 행동은 가톨릭교회뿐만 아니라 전 세계 사회 구성원에게 지속 가능한 발전을 위한 중요한 지침을 제공하고 있다. 환경 보호가 선택이 아닌 모든 인류에게 부과된 도덕적 의무임을 명확히 하며, 각국 정부, 민간 부문, 개인에 이르기까지 폭넓은 참여와 협력이 필요함을 강조한다. 이를 통해 교황은 ESG의 중요성을 전 세계적으로 알리고, 구체적이고 실질적인 행동을 촉진하는 데 중요한 역할을 하고 있다.

그림 4-2. 프란치스코 교황

가톨릭의료원 산하 8개 병원(서울성모병원, 인천성모병원, 성빈센트병원, 여의도성모병원, 은평성모병원, 부천성모병원, 의정부성모병원, 대전성모병원)은 교황 프란치스코의 회칙과 권고문의 정신을 바탕으로 ESG를 적극적으로 실천하고 있다. 이는 환경 보호와 기후 위기 대응, 사회적 책임 그리고 윤리적 경영을 통합적으로 추구하는 방향으로 나타나고 있다.

서울성모병원은 2023년 1월 1일 ESG 위원회를 신설하였다. 병원은 '환경을 생각하는 친환경 병원', '사회적 책임을 다하는 안전한 병원', '윤리적으로 투명하고 공정한 병원 만들기'라는 세 가지 핵심 목표를 설정하고 ESG 문화를 원내에 정착시키고자 노력하고 있다(그림 4-3).

2023년에는 환경 측면에서 다양한 활동을 전개하였다. 병원장은 '고고 챌린지'에 참여하여 직원들의 친환경 실천을 독려하였다. 병원 내 일회용품과 종이 사용을 줄이고, 쓰레기를 철저히 분리수거하며, 음식물 쓰레기를 줄이는 캠페인을 지속적으로 실시하고 있다. 또한 에너지 절감을 위해 LED 조명 교체 사업을 진행하고, 재생에너지 사용을 확대하기 위한 태양광 패널 설치를 추진하고 있다.

그림 4-3. 서울성모병원 ESG위원회 발족식 (출처: 가톨릭대학교 서울성모병원 홈페이지)

사회 측면에서는 호스피스 완화의료 및 가정간호 서비스를 강화하고, 지속적인 자선진료를 통해 사회 공헌 활동을 이어가고 있다. 2023년에는 특히 취약계층을 위한 의료 지원 프로그램을 확대하여 지역 사회 건강 증진에 기여하고 있다. 또한 직원들의 근무환경 개선을 위해 유연 근무제를 도입하고, 직원 건강 증진 프로그램을 운영하고 있다.

지배구조 측면에서는 윤리경영을 강화하고 있다. ESG 위원회를 통해 투명한 의사 결정 구조를 확립하고, 윤리경영 교육을 전 직원을 대상으로 실시하고 있다. 또한 협력업체와의 상생을 위한 공정거래 지침을 마련하여 실행하고 있다.

2024년부터 이러한 노력을 더욱 확대하였다. 환경 분야에서는 의료 폐기물 감축을 위한 새로운 시스템을 도입하고, 친환경 의료기기 사용을 확대하고 있다. 특히 '그린 호스피탈' 프로젝트를 통해 병원 전체의 탄소 배출량을 줄이는 데 주력하고 있다.

사회 분야에서는 지역 사회와 연계한 건강 증진 프로그램을 확대 운영하고 있으며, 의료 취약지역을 위한 원격 진료 서비스를 시작하였다. 또한 직원들의 일-생활 균형을 위한 다양한 복지 프로그램을 도입하고 있다.

지배구조 측면에서는 ESG 성과를 정기적으로 평가하고 공개하는 시스템을 구축하였다. 이를 통해 ESG 경영의 투명성을 높이고, 지속적인 개선을 위한 기반을 마련하고 있다.

서울성모병원의 이러한 ESG 활동은 의료기관의 사회적 책임을 다하고, 지속 가능한 발전을 추구하는 모범적인 사례로 평가받고 있다. 앞으로도 병원은 ESG 경영을 더욱 강화하여 환자와 지역 사회 그리고 환경을 위한 가치 창출에 앞장설 계획이다.

인천성모병원은 2020년 11월 인천광역시와 '일회용품 없는 장례식장 운영' 업무협약을 체결하였고, 2023년 1월에는 새로운 인재상 'PERITO'를 선포하였다(그림 4-4).

이 인재상은 다섯 가지 핵심가치를 담고 있는데, 각각 Patient centered(환자 중심), Expertise(전문성), Respect for life(생명 존중), Innovation(변화와 혁신), TOgether (공동체 정신)를 의미한다. 이 새로운 인재상은 1년간의 면밀한 과정을 거쳐 도출되었다. 교직원들의 의견을 수렴하고 인재경영 TF를 구성하여 논의를 진행했다. 'PERITO'라는 이름은 이탈리아어로 '전문가'를 의미하며, 각 핵심가치의 앞 글자를 조합하여 만들었다.

그림 4-4. 인천성모병원 인재상 'PERITO' 선포식 (출처: 가톨릭대학교 인천성모병원 홈페이지)

'PERITO' 인재상을 통해 인천성모병원은 환자를 중심에 두고, 전문성을 갖추며, 생명을 존중하고, 지속적인 혁신을 추구하며, 공동체 정신을 가진 의료인재를 육성하고자 하는 의지를 보여주고 있다. 이는 의료 기술뿐만 아니라, 인간성과 전문성을 겸비한 균형 잡힌 의료인을 지향하는 것을 의미한다. 이러한 인재상 선포를 통해 인천성모병원은 의료 서비스의 질적 향상뿐만 아니라, 조직 문화의 개선과 직원들의 가치관 정립에도 긍정적인 영향을 미칠 것이라 기대하고 있다. 이는 병원의 장기적인 발전 방향을 제시하고, 환자와 지역 사회에 대한 병원의 책임과 역할을 명확히 하는 의미도 있다.

부천성모병원은 2023년 9월 27일 'ESG 영성경영 선포식'을 열었다. 친환경, 사회적 책임, 투명한 윤리경영을 통해 지속 가능한 사회를 만드는 병원으로 거듭나고자 한다. ESG 위원회를 조직하여 8대 혁신과제를 발표하였다. 환경 부문에는 친환경 경영, 온실가스 감축, 의료 폐기물 저감을 포함하고, 사회적 책임 부문에는 조직 문화 강화, 환자 경험 개선, 지역 사회 공헌이 포함된다. 윤리경영 부문에서는 신뢰성 확보, 공정성 강화를 추진과제로 선정하였다(그림 4-5).

그림 4-5. 부천성모병원 ESG 영성경영 선포식 (출처: 가톨릭대학교 부천성모병원 홈페이지)

강북삼성병원

- 환경 지킴이의 선두주자로 우뚝 서다

강북삼성병원은 2022년 12월 ESG위원회를 발족하고 ESG 경영의 본격적인 시작을 알렸다(그림 4-6). 병원은 시대 트렌드와 사회적 요구에 부합하는 병원, 사회에 공헌해 사랑받는 병원이 되겠다는 방향성을 갖고 ESG 경영 활동을 추진하고 있다.

ESG 경영의 10대 실천 과제로 탄소중립 실현, 재생에너지 활용, 의료 폐기물 감축, 일회용품 최소화, 동물실험 관리 강화, 사회 공헌 활동 강화, 협력업체 상생, 환자 대응 혁신, 근로환경 혁신, 추진체계 정비 등을 설정하였다. 이를 바탕으로 20개의 세부 과제를 수립하여 체계적인 ESG 경영을 실천하고 있다.

2023년에는 ESG 경영 기반의 스마트 미래병원 구축에 주력하였다. 비대면 의료 상담과 모바일 건강관리 등 미래 의료 트렌드를 선도하기 위해 다양한 시스템을 개발하고 있다. 특히 빅데이터 활용을 위해 미국 존스홉킨스대학과 연계하여 검진 데이터를 표준화하고, 우리나라 기업들과 협업하여 진료 및 검진 이용 시스템과 솔루션을 개발하고 있다.

2024년에는 사회 공헌 활동에 더욱 주력하였다. 미혼모 및 영·유아에 대한 의료 지원, 청소년 학교폭력 예방 지원 등 다양한 프로그램을 운영하고 있다. 서울시 초·중·고 보건

그림 4-6. 강북삼성병원 ESG위원회 발족식 (출처: 강북삼성병원 홈페이지)

교사들의 전문 역량을 강화하는 사업을 지원하여 아이들이 안전한 학교생활을 누릴 수 있도록 돕고 있다. 특히 취약계층 아동을 위한 장학금 전달을 포함해 고독사 예방 지원, 독립유공자 건강검진 지원 등 다양한 활동을 펼치고 있다.

환경 측면에서는 의료 폐기물 감축과 일회용품 사용 최소화에 노력을 기울이고 있다. 병원 내 재활용 시스템을 강화하고, 친환경 의료용품을 도입하고 있다.

사회 측면에서는 직원들의 근로환경 개선에도 힘쓰고 있다. 유연 근무제 도입, 직원 건강 증진 프로그램 운영 등을 통해 일과 삶의 균형을 추구한다.

지배구조 측면에서는 ESG 위원회를 중심으로 정기적인 회의를 통해 추진 현황과 성과를 점검하고 있다. 투명한 의사 결정 구조를 확립하고, ESG 성과를 정기적으로 공개한다.

강북삼성병원은 이러한 ESG 경영 활동을 통해 의료기관의 사회적 책임을 다하고, 지속가능한 발전을 추구한다. 병원은 ESG 경영을 더욱 강화하면서 사회에 공헌하는 의료기관으로 자리매김하고 있다.

고려대학교의료원

– 지속 가능성의 새 기준을 세우다

고려대학교의료원은 2018년부터 ESG 경영의 기반을 다지며 의료계의 선도적인 역할을 하고 있다. ESG 활동은 2018년 12월부터 시작된 '사람 중심의 사회적 가치 실현 4대 전략' 발표 이후 지속적으로 확대되고 있다.

2020년 6월에는 '최고의 사회적 의료기관 도약'을 선언하며 사회공헌사업추진단TFT를 설치하였다. 이를 통해 국가적 재난위기 대응, 취약계층 의료 지원, 해외구호·봉사활동 등 기존 활동뿐만 아니라 남·북 의료격차 해소를 위한 통일보건의료사업, 병원학교 같은 지역 밀착형 사회 공헌 프로그램도 적극 추진하고 있다.

2021년 5월에는 사회적 가치 실현을 전담할 사회공헌사업본부를 출범시켰다. 이 조직은 국제보건사업, 국내·외 재난 지원, 소외계층 대상 특별 프로그램 교육사업 등을 더욱 체계적이고 지속 가능한 방향으로 수행하고 있다.

2023년, 우리나라 의료기관 중 최초로 지속가능경영보고서를 발간하였다(그림 4-7). 또한 GRI Standards와 SASB, 다우존스 지속가능경영지수 등의 국제적인 원칙과 함께 K-ESG, 환자 친화 경영, 지역 사회 공헌 등 우리나라 의료기관 실정에 맞는 영역에 가중치를 부여하여 KUM-ESG 평가지표를 자체 개발하였다.

2024년에는 2년차 지속가능경영보고서와 탄소중립전략수립보고서도 함께 발간, 홈페이지에 공시까지 완료하였다. ESG 활동을 더욱 확대하여 다양한 프로그램을 실시하고 있다.

사회적으로는 우크라이나 난민과 아프간 특별기여자들을 위해 해외 봉사단을 지속적으로 파견하고 있다. 또한 다양한 국내 의료지원 활동을 통해 우리나라 최고의 사회적 의료기관으로서 위상을 공고히 하고 있다.

지배구조 측면에서는 의료원장 직속 사회공헌사업단을 운영하여 체계적이고 지속 가능한 사회 공헌 활동을 이어가고 있다. 이를 통해 ESG 경영의 실행력을 높이고 있다.

고려대학교의료원의 이러한 ESG 활동은 의료계에 새로운 패러다임을 제시하고 있다. 앞으로의 지속 가능한 의료 환경 조성과 사회적 가치 실현을 위해 계속 노력 중이다.

그림 4-7. 고려대학교의료원 2022, 2023 ESG 지속가능경영보고서 표지
(출처: 고려대학교의료원 사회공헌사업실 홈페이지)

삼성서울병원
– 윤리적 리더십의 본보기가 되다

삼성서울병원은 의료계에 특화된 ESG 경영을 선도적으로 추진하고 있다. 2021년 12월에 ESG 위원회를 발족하고 체계적인 ESG 기반을 마련하였으며, 2023년과 2024년에 걸쳐 ESG 보고서를 발간하여 지속 가능한 경영의 체계적인 노력을 보여주고 있다(그림 4-8).

그림 4-8. 삼성서울병원 2023, 2024 ESG 보고서 표지 (출처: 삼성서울병원 홈페이지)

2023년 보고서에서는 ESG 경영의 기반을 다지고 추진체계를 강조하는 내용을 다루었다. 병원은 '친환경 병원', '안전한 병원', '공정한 병원'을 약속했으며 이를 실현하기 위한 구체적인 계획을 수립했다(그림 4-9).

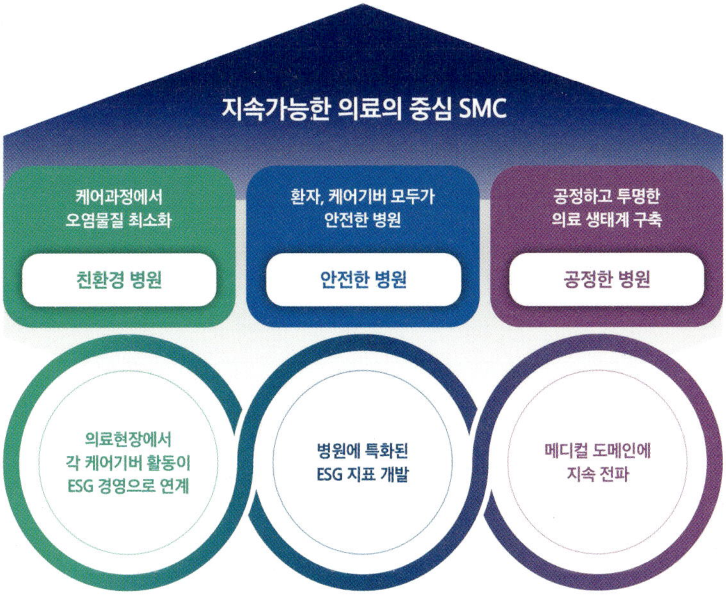

그림 4-9. 삼성서울병원 ESG 비전과 목표 (출처: 삼성서울병원 2023 ESG 보고서)

환경 측면에서는 의료 폐기물 분리배출 강화, 에너지 절감을 위한 시설 개선 등을 추진했다. 사회 측면에서는 간호사 유연 근무제 도입, 직원 건강 증진 프로그램 확대 등 직원 복지 향상에 힘썼다. 지배구조 측면에서는 물류 자동화 시스템 도입으로 업무 효율성을 높이고, 협력병원과의 진료 협업 강화를 통해 투명하고 공정한 의료생태계를 조성하고자 노력했다.

2024년 보고서에서는 전년도의 기반 위에 더욱 구체적이고 발전된 실천 사례를 제시하였다. 환경 측면에서는 일반병실 폐기물함 교체를 통한 의료 폐기물 절감, 전자 약국정보관리시스템(e-PIMS) 도입으로 종이 사용 감소, 장례식장 다회용기 도입을 통한 일회용 폐기물 감소 등 구체적인 성과를 보여주고 있다. 사회 측면에서는 환자와 보호자의 대기 및 체류 시간 감소를 위한 노력, 암환자 맞춤 정보 및 교육 제공 확대, '건강친화기업' 인증 획득 등의 성과를 이뤘다. 또한 간호사 유연 근무제를 더욱 확대하여 직원들의 일-생활 균형 향상에 기여하고 있다. 지배구조 측면에서는 협력병원과의 치료 프로토콜 공유 및 맞춤 교육 제공, 10여 개 의료기관과의 ESG 경영 사례, 노하우, 지표 등 공유를 통해 의료계 전반의

ESG 확산에 기여하고 있다.

특히 2024년 보고서에서는 케어기버(삼성서울병원에서 일하는 모든 구성원)의 자발적 참여와 실천 사례를 중점적으로 조명하였다. 병원은 케어기버가 참여하는 프로그램을 통해 114개의 아이디어를 수집하고, 선정된 아이디어는 구체화 과정을 거쳐 차년도 ESG 보고서에 반영할 계획이다. 이는 병원 구성원들의 ESG 경영 참여를 독려하고, 현장의 목소리를 반영하는 상향식 접근법을 채택했다는 점에서 의미가 있다(그림 4-10).

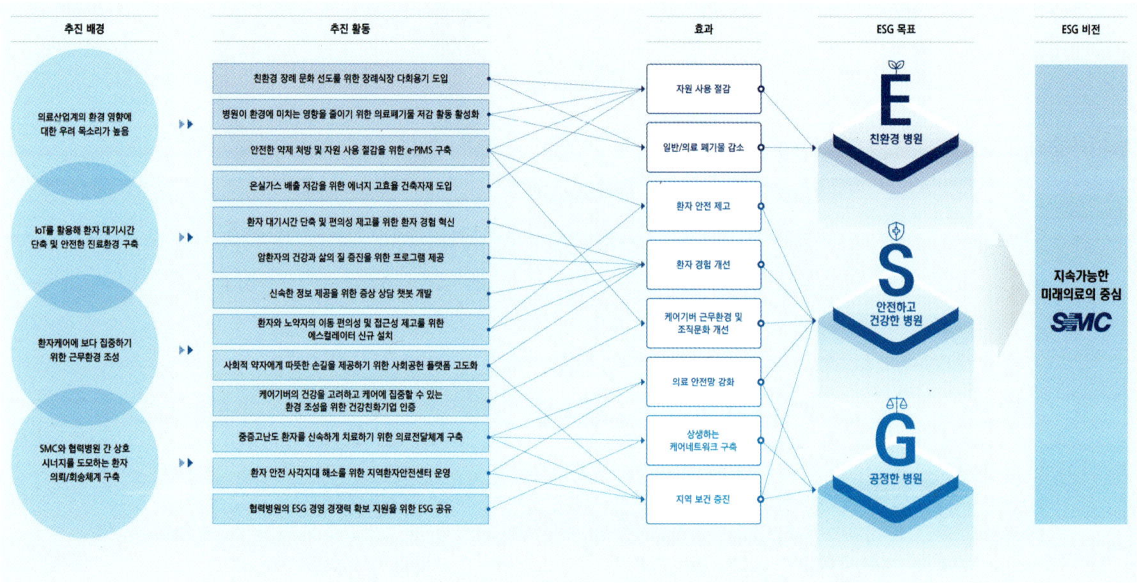

그림 4-10. 삼성서울병원 2023, 2024 상반기 ESG 성과 (출처: 삼성서울병원 2024 ESG 보고서)

삼성서울병원은 이러한 ESG 경영 활동을 통해 병원업계의 롤 모델이 되고자 노력하고 있다. 환경 보호, 사회적 책임, 공정한 운영을 통해 지속 가능한 의료 서비스 제공에 앞장서고 있으며, 매년 ESG 보고서를 발간하여 성과를 투명하게 공개하고 있다. 앞으로도 의료계 전반에 ESG 경영을 확산시키는 데 주도적인 역할을 할 것으로 보이며, 이를 통해 지속 가능한 의료 생태계 구축에 기여하고자 하는 의지를 명확히 보여주고 있다.

삼성서울병원은 이러한 ESG 활동을 통해 2023년 '대한민국 지속 가능성 대회'에서 종합병원 최초로 ESG 관련 상을 수상하는 성과를 거두었다. 앞으로도 병원은 의료계 특성에 맞는 ESG 경영을 지속적으로 발전시켜 나갈 계획이다.

서울대학교치과병원

– 혁신의 아이콘으로 빛나다

서울대학교치과병원은 2021년 3월 8일 공공의료기관으로서는 우리나라 최초로 ESG 경영을 선포하여, 의료계에서 ESG 경영을 이끌고 있다(그림 4–11). 이는 국가중앙치과병원으로서 주어진 고유목적사업을 수행함에 있어 환경 보호, 사회적 책임, 투명한 윤리경영과 같은 비재무적 성과와 가치를 제고하고자 하는 노력의 일환이다.

그림 4–11. 서울대학교치과병원 ESG 경영 선포식 (출처: 관악서울대학교치과병원 홈페이지)

ESG 경영 추진을 위해 병원은 병원장을 위원장으로 하는 ESG 위원회를 신설하여 운영하고 있다. ESG 연구 모임을 조직하고, 모든 교직원을 대상으로 한 ESG 경영 실천 특강으로 조직의 ESG 인식을 높이고 있다.

환경 분야에서 다양한 활동을 펼치고 있으며, 국토교통부의 공공건축물 그린리모델링 사업에 적극 참여하여 탄소 배출 절감에 기여하고 있다. 또한 서울시 및 산림청이 주관하는 사업을 통해 진료동 2개소의 환자 대기 공간에 자연 친화적인 스마트가든을 설치하였다.

종이 서류 없는 회의 도입을 통해 종이 사용을 줄이는 등 일상적인 업무 환경에서도 친환경 실천을 이어가고 있다.

사회 분야에서는 공공의료기관으로서의 사회적 책임을 다하고자 노력하고 있다. 국내·외 취약계층을 대상으로 다양한 구강 공공의료 서비스를 제공하고 있다. 2022년 2월에는 대한적십자사와 나눔의 사회적 가치 실현을 위한 업무 협약을 체결하였으며, 같은 해 3월에는 강원 지역 산불 피해 임시시설 거주 이재민에게 치과치료를 지원하는 등 적극적인 사회 공헌 활동을 펼치고 있다.

2022년에는 정보보안 수준진단 결과 우수 등급을 획득하였다. 또한 한국장애인고용공단과 협력하여 직무 개발을 통한 중증 여성 장년 장애인 고용을 확대하여, 장애인 고용률을 2019년 12월 1.2%에서 2022년 10월 3.4%로 크게 증대시켰다.

지배구조 분야에서는 경영의 투명도를 높이기 위한 다양한 활동을 수행하고 있다. 전문 분야의 외부위원을 포함시킨 인권 센터를 설치하였으며, 2020년 공공의료기관 청렴도 평가에서 전 부문 1위를 획득하는 성과를 거두었다. 규정 제정 또는 개정 시 전체 구성원에게 5일간의 의견 수렴 기간을 두고 있으며, 경영 관련 추진 경과 및 성과는 서울대학교 총장을 이사장으로 하는 이사회에 정기적으로 보고하고 있다.

2023년과 2024년에도 서울대학교치과병원은 ESG 경영을 더욱 강화하였다. 2023년에는 친환경 의료기기 도입을 확대하고, 에너지 효율화 프로젝트를 진행하여 병원 전체의 에너지 사용량을 줄이는 데 성공하였다. 2024년에는 지역 사회와 연계한 구강건강 증진 프로그램을 확대 운영하였으며, 의료진의 ESG 관련 연구 활동을 지원하는 등 ESG 경영의 범위를 넓혀 가고 있다.

이러한 노력을 통해 서울대학교치과병원은 의료기관의 ESG 경영 모델을 제시하고 있으며, 지속 가능한 발전과 사회적 가치 창출을 위해 애쓰고 있다.

서울아산병원

– 글로벌 무대를 누비는 ESG 실천가

서울아산병원은 아산재단의 설립 이념인 생명 존중과 사회를 돕는 정신을 바탕으로 ESG 경영을 실천하고 있다. 2021년 5월, 우리나라 종합병원 중 처음으로 ESG 위원회를 발족하여 친환경 경영, 사회적 책임, 투명경영을 지속적으로 강조·실시하고 있다(그림 4-12).

그림 4-12. 서울아산병원 ESG 위원회 활동 모습 (출처: 서울아산병원 홈페이지)

환경 측면에서 서울아산병원은 다양한 노력을 기울이고 있다. 태양광 발전 시설을 설치하고 탄소 배출 저감에 힘쓰는 등 친환경 경영을 실천 중이다. 2023년에는 의료 폐기물과 탄소 배출 절감에 더욱 집중하여 환경 보호에 앞장서고 있다.

사회 측면에서는 '아산 인 아시아' 프로젝트를 통해 저개발 국가에 의료 기술을 전수하고 있다. 최근 10년 동안 90개가 넘는 국가의 4천여 명이 넘는 해외 의학자에게 최신 의료 기술을 전수했는데, 특히 몽골, 베트남 등 아시아 의료 저개발 국가에 생체 간이식과 같은 고

난도 의료 기술을 전수하였다. 2024년에는 지역 사회 교류 강화에 더욱 힘썼으며, 취약계층 아동 건강검진 등의 활동을 확대하고 있다.

지배구조 측면에서는 윤리경영실 운영과 다양한 분야의 전문가들로 이사회를 구성하여 투명경영을 실천하고 있다. 2023년부터는 조직 문화 개선에도 주력하여 ESG 경영을 내부적으로도 실천하고 있다.

2024년에는 ESG 활동을 더욱 강화하여 23개의 ESG 지표를 수립하였다. 이를 통해 병원 운영 전반에 ESG 경영을 실질적으로 확대하고 있으며, 의료 폐기물 및 탄소 감축, 지역 사회 교류 강화, 조직 문화 개선 등 다양한 분야에서 구체적인 성과를 내고 있다.

서울아산병원의 이러한 노력은 높은 평가를 받고 있다. 사회 공헌, 환경친화 경영, 기업 신뢰도 등의 항목에서 높은 점수를 받아 2022년 3월 '한국에서 가장 존경받는 병원'에 16년 연속 선정되었다.

앞으로도 서울아산병원은 ESG 경영을 통해 진료, 교육, 연구, 상생의 4차 병원 역할을 수행하며, 지속 가능한 의료 환경 조성에 기여할 것이라는 기대를 받고 있다. 병원은 ESG 위원회를 중심으로 친환경 경영, 사회적 책임, 투명경영을 더욱 강화하여 의료계의 ESG 경영을 선도해 나갈 계획이다.

세종병원

– 지역 사회의 든든한 버팀목으로 자리 잡다

세종병원은 2021년 8월 ESG 경영위원회를 출범시켜, 민간종합병원 최초로 ESG 경영을 실천하는 병원임을 선포하였다(그림 4-13). 이로써 지역 사회의 중심 버팀목으로 자리 잡고자 노력하고 있다.

그림 4-13. 세종병원그룹 ESG 경영위원회 출범식 (출처: 혜원의료재단 홈페이지)

환경 측면에서 세종병원은 다양한 활동을 진행하고 있다. 클라우드 컴퓨팅 및 데스크톱 가상화 솔루션을 도입하여 에너지 소비 문제 해결에 앞장서고 있다. 또한 전자동의서 도입, 다회용 수술 가운 사용과 센서등 교체를 통한 환경 보호 노력과 함께 의료 폐기물 저감 사업, 잔반 줄이기 운동, 바자회 개최 등 다양한 환경친화적 활동을 실시하고 있다.

사회 측면에서는 의료 교류와 사회 공헌에 앞장서고 있다. 1982년부터 국내·외 심장병 환자들을 대상으로 의료 나눔을 지속적으로 시행하며 우리나라 1만3천여 명, 해외 1천600여 명이 혜택을 받았다. 부천시립노인복지시설 수탁 운영, 도서지역 의료봉사, 장애인 직원 고용 등 지역 사회를 위한 다양한 활동을 펼치고 있다. 직원들의 인권 보호와 성장을 위해 인식 개선 교육, 고충 처리 프로그램, 외국어 교육비 지원 등을 실시 중이다.

지배구조 측면에서는 투명한 책임경영을 실천하고 있다. 사외이사들로 구성된 이사회를 통해 투명하고 자율적인 책임경영을 실천하고 있으며, 윤리위원회와 의료윤리위원회를 운영하여 직원의 윤리적 문제와 임상 윤리 문제를 해결하고 있다.

세종병원은 이러한 ESG 경영을 통해 지역 사회 및 의료계의 상생을 위한 노력을 지속적으로 이어가고 있다. 앞으로도 ESG 경영위원회를 중심으로 더욱 체계적인 계획을 수립하고 실천해 나갈 것으로 보인다.

전남대학교병원
– 지역의 빛나는 등대 역할을 하다

전남대학교병원은 ESG 경영을 통해 지역의 빛나는 등대 역할을 수행하고자 노력하고 있다. 2021년 5월, 병원은 ESG 도입을 위한 자문위원회를 구성하였으며, 외부 전문가들이 참여하여 병원에 적합한 ESG 경영의 기틀을 마련했다. 이후 병원장 직할로 'ESG 경영위원회'를 신설하여 분과별 추진 전략 및 핵심 과제를 선정하고 이를 실행하고 있다(그림 4-14).

그림 4-14. 전남대학교병원 ESG 경영 선포식 (출처: 화순전남대학교병원 홈페이지)

2022년 8월 8일, 전남대학교병원은 ESG 경영 슬로건으로 '건강하게! 조화롭게!'를 선정하였다. 이 슬로건은 'H-ESG로 건강하고 따뜻한 사회 구현'이라는 비전과 '더 나은 인류사회 공헌'이라는 미션을 담고 있다. 이를 통해 병원은 지속 가능한 발전과 지역 사회의 건강 증진에 기여하고자 하는 의지를 표현했다.

환경 분야에서는 스마트한 에너지 사용, 폐기물 저감 및 자원 순환, 환경 법규 준수 등을 핵심 과제로 삼고 있다. 병원은 탄소중립을 선언하고, 일회용품 최소화, 종이 없는 병원 운영, 의료 폐기물 저감 및 신재생에너지 도입 등의 다양한 활동을 추진한다. 이러한 노력은 환경 보호에 기여하고, 지속 가능한 의료 환경을 조성하는 데 중요한 역할을 한다.

사회 분야에서는 안전 보건관리 체계 확립, 정보보호, 지역 사회에 대한 기여와 사회적 책임, 공정 시스템을 통한 동반 성장을 목표로 하고 있다. 전남대학교병원은 지역 사회의 건강 증진과 안전성을 높이기 위해 다양한 프로그램을 운영하고 있으며, 이를 통해 사회적 책임을 다하고 있다.

지배구조 분야에서는 ESG 경영 기반 구축과 윤리·인권 경영 실천 등을 핵심 과제로 삼고 있다. 병원은 투명한 경영 체계를 확립하기 위해 노력하고 있으며, 윤리적 기준을 준수하는 경영 방침을 실천하고 있다. 이를 통해 직원들의 권리를 보호하고, 공정한 의료 서비스를 제공하는 데 힘쓰고 있다.

전남대학교병원은 이러한 ESG 경영 활동을 통해 지속 가능한 발전을 추구하며 지역 사회와 함께 성장하는 의료기관으로 자리매김하고 있다. 앞으로도 'H-ESG'를 통해 건강하고 따뜻한 사회를 구현하기 위해 애쓰고 있다.

세계 의료계의 ESG 챔피언들

램지 헬스 케어

– 글로벌 ESG 통합의 모범 사례를 만들다

램지 헬스 케어(Ramsay Health Care)는 1964년 호주에 설립된 글로벌 의료기관으로, ESG(환경, 사회, 지배구조) 경영에 적극적으로 참여하고 있다. 2023년과 2024년 ESG 보고서를 바탕으로 램지 헬스 케어의 ESG 활동을 정리하면 다음과 같다(그림 4-15).

환경 측면에서 램지 헬스 케어는 'caring for planet' 전략을 통해 기후 행동 및 환경 성과 개선에 주력하고 있다. 2023년, 램지 헬스 케어는 가치사슬에서 탄소 배출량을 줄이고 재생에너지 사용을 확대하는 데 주력했다. 2024년에는 의료 폐기물 관리 시스템을 개선하여 폐기물 발생량을 10% 줄이는 데 성공하였다. 또한 2030년까지 탄소 배출량 50% 감축 목표를 설정하고 있다.

사회 측면에서는 'caring for our people'과 'caring for community' 전략을 통해 직원과 지역 사회에 대한 책임을 다하고 있다. 2023년에는 직원 건강 및 안전 프로그램을 강화하였으며, 다양성 및 포용성 정책을 확대 실시하였다. 2024년에는 지역 사회 건강 증진 프로그램을 확대하여 8백만 명 이상의 환자에게 의료 서비스를 제공하였다. 또한 86,000명 이상의 직원을 고용하여 지역 경제 활성화에 기여하고 있다.

지배구조 측면에서는 '좋은 지배구조'와 '강력하고 책임감 있는 비즈니스 모델'을 추구하고 있다. 2023년에는 ESG 위원회를 신설하여 ESG 경영의 체계를 갖추었으며, 2024년

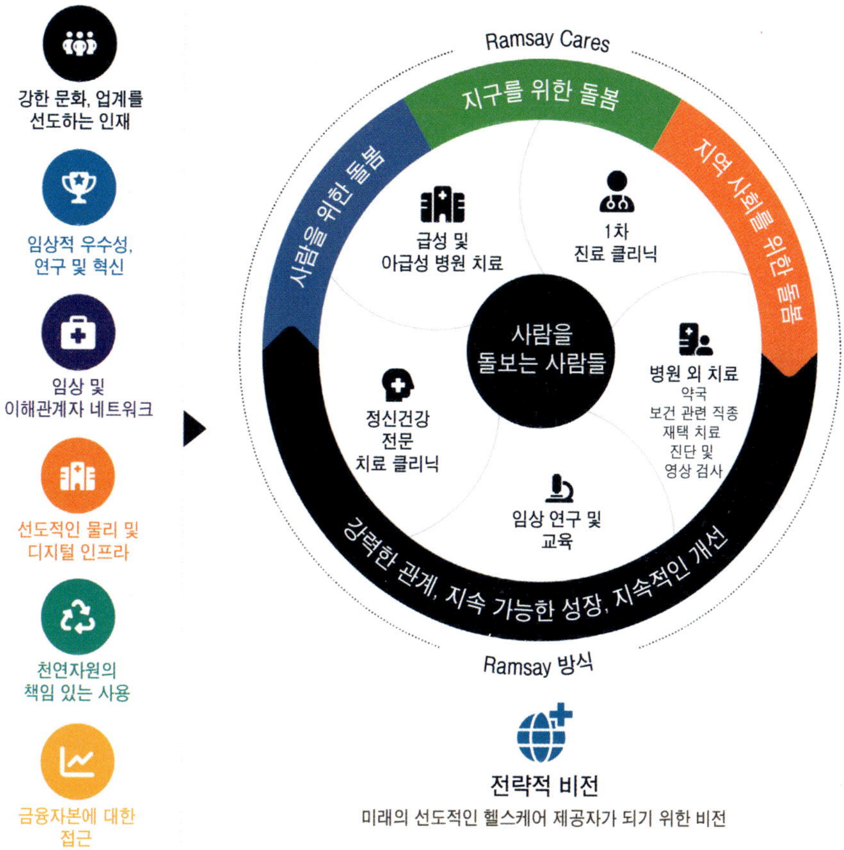

그림 4-15. Ramsay Health Care의 ESG 전략적 비전 (출처: Ramsay Health Care 2024 연례보고서)

에는 투명한 의사 결정 구조를 확립하고 윤리경영 교육을 전 직원을 대상으로 실시하였다.

램지 헬스 케어는 아홉 가지 지속 가능성 지표를 통해 ESG 성과를 평가하고 있다. 이 지표들은 임상 품질 및 우수성, 사람과 문화, 디지털 전환과 사이버 보안, 데이터 및 프라이버시, 통합 품질 자산 및 인프라, 좋은 지배구조, 기후 행동 및 환경, 지역공동체 지원, 책임 있는 조달 등을 포함하고 있다.

램지 헬스 케어의 이러한 ESG 활동은 'Ramsay Way'라는 기업 철학을 바탕으로 하고 있으며, 이는 사람, 지구, 지역 사회가 모두 잘 보살핌을 받을 수 있도록 보장한다는 의미이다. 이러한 노력을 통해 램지 헬스 케어는 지속 가능한 방식으로 운영되는 글로벌 의료기관으로 자리매김하고 있다.

메이요 클리닉

– 전통과 혁신의 완벽한 조화를 이루다

메이요 클리닉(Mayo Clinic)은 세계 최초이자 최대 규모의 통합 비영리 단체 기반 의료기관으로, 미국 애리조나, 플로리다, 미네소타 3개 주에 병원이 위치해 있다. 그리고 3,300명 이상의 의사, 과학자 및 연구원과 46,000명의 응급 구조 요원이 근무하고 있다. 메이요 클리닉은 미국 시사 전문지 "US News & World Report"에서 발표한 '미국 최고 병원'으로 7년 연속 선정되었으며, 2022~2023년 미국 전역의 4,500여 개 병원을 15개 전문 분야와 20개 시술·조건으로 평가한 순위에서 종합 1위를 차지하였다. 특히 새롭게 추가된 '건강 형평성 조치(사회 내 다양한 집단이 동등한 건강 기회를 가질 수 있도록 하는 정책적·운영적 방법)'와 '홈 타임(환자가 병원이 아닌 집에서 보내는 시간의 비율)' 기준 평가에서 종합 1위를 차지하였다. 메이요 클리닉의 11개 병원은 CMS(Centers for Medicare & Medicaid Services)가 평가한 병원 품질에서 별(Star) 등급을 획득했으며, 11개 병원 중 6개 병원이 최고 점수인 별 5개를 받았다(전국 평균은 별 3개이다). 별 등급은 입원 및 외래 환자 품질 보고 프로그램 51개에 대한 병원의 종합 점수를 기반으로 지정되었다. 9개의 메이요 클리닉 병원은 Leapfrog Group(미국의 의료 서비스를 이용하는 많은 수의 고용주와 구매자가 의료 품질과 안전을 위한 운동을 주도하여 운영하는 전국 단위 비영리단체)으로부터 환자 안전에 대해 'A' 등급을 받았다.

2023년 동안 메이요 클리닉은 탄소 배출을 줄이기 위해 다양한 에너지 효율 프로젝트를 시행하였다. 병원 내 에너지 사용을 최적화하고, 재생 가능한 에너지원의 사용을 확대하여 탄소 배출을 감소시키는 데 주력하였다. 또한 의료 폐기물의 안전한 처리를 위해 새로운 폐기물 관리 시스템을 도입하였다. 이를 통해 병원에서 발생하는 폐기물의 재활용률을 높이고, 환경 오염을 최소화하였다. 메이요 클리닉은 지역 사회와의 협력을 강화하여 다양한 건강 증진 프로그램을 운영하였으며, 특히 농촌 지역의 의료 접근성을 높이기 위한 이동 진료소를 운영하였다(표 4-8).

2024년에는 병원 건물의 에너지 효율을 더욱 개선하기 위해 스마트 에너지 관리 시스템을 도입하였다. 이를 통해 에너지 소비를 실시간으로 모니터링하고, 불필요한 에너지 사용을 줄였다. 또한 물 사용량을 줄이기 위해 병원 내 물 재활용 시스템을 강화하였다. 이를 통해 물 자원의 효율적인 사용을 도모하고, 물 부족 문제 해결에 기여하였다. 메이요 클리닉은 환자의 개인 정보 보호를 위해 최신 사이버 보안 기술을 도입하고, 직원들을 대상으로 정기적인 보안교육을 실시하였다.

이와 같은 활동을 통해 메이요 클리닉은 지속 가능한 경영을 실천하며, 환자와 지역 사회 그리고 환경에 긍정적인 영향을 미치고 있다.

표 4-8. Mayo Clinic Green Initiatives 추진

구분	주요 내용
에너지 절감	• 환자, 직원 및 방문객을 위한 안전하고 효율적인 환경을 위해 시설을 설계, 운영함으로써 에너지 소비를 줄이기 위해 노력 • 2020년부터 에너지 소비를 20% 이상 줄였으며 2025년까지 30% 감축 목표 설정 – 이를 달성하기 위해 신축 건물의 에너지 효율적 설계, 기존 시설 개조, 유틸리티 및 장비 업그레이드 – 직원이 직장과 가정에서 '친환경적으로 생각(think green)'하도록 권장
환경을 책임지는 공급망 관행	• 공급업체와 협력하여 환자, 직원 및 환경의 건강을 보호하는 장비 및 재료 조달 – 포장 최소화 – 납, 수은, 라텍스, 폴리염화비닐 플라스틱(PVC) 및 디에틸헥실프탈레이트(DEHP), 향료를 포함하는 독성 제거 및 최소화 제품 – 구매한 제품의 제조에 재활용 재료 사용 – 에너지 효율적인 장비 사용 – 재처리 및/또는 재활용할 수 있는 제품 사용 – 재가공품의 사용 – 물 사용을 줄이거나 오염된 폐수 발생을 줄이는 제품 사용 • 의료 산업에서 신규 및 기존 녹색제품 채택을 가속화하기 위한 구매협동조합인 Greenhealth Exchange의 창립 회원
폐기물 최소화	• 일상 업무에서 발생하는 폐기물을 줄이고 새로운 재활용 방법을 찾기 위해 노력 • 전체 폐기물 흐름의 31% 이상 현재 재활용 • 25년 동안 미네소타주 로체스터시에 있는 가장 큰 캠퍼스에서 자체 재활용 시설 운영 • 폐기물의 절반은 옴스테드 카운티 폐기물 에너지화 시설에서 처리되며 지역 사회를 위한 에너지 생성 지원 • 음식물 쓰레기는 퇴비화 및 지역 농장의 동물 사료로도 사용

(출처: Mayo Clinic 홈페이지)

아폴로병원

– 지속 가능한 의료의 실현을 보여주다

아폴로병원(Apollo Hospital)은 1993년에 설립된, 인도의 가장 큰 민간 의료 서비스 제공업체로, 현재 55개 전문 분야 그리고 71개 병원을 운영 중이다. 통합 의료 서비스 시스템을 통해 소유 및 위탁관리 병원, 진단 클리닉, 약국, 컨설팅 서비스를 아우르는 인도 최초의 기업형 병원 그룹으로서 아폴로병원은 환자 가정 방문 의료, 임상 및 진단 서비스, 위탁 행정 서비스, 의료보험 등 다양한 서비스를 제공한다. 아폴로병원은 지금까지 140여 개 국가에서 15억 명 이상의 환자를 치료하였으며, 다음 발전 단계의 비전은 '10억 명의 삶에 영향을 미치다(To Touch a Billion Lives)'이다. 미션은 모든 개인이 도달할 수 있는 범위 내에서 국제 표준의 의료 서비스를 제공하는 것이다(그림 4-16). 아폴로병원은 인류의 이익을 위한 교육 연구 및 의료 분야의 우수성을 달성하고 유지하기 위해 최선을 다하고 있다.

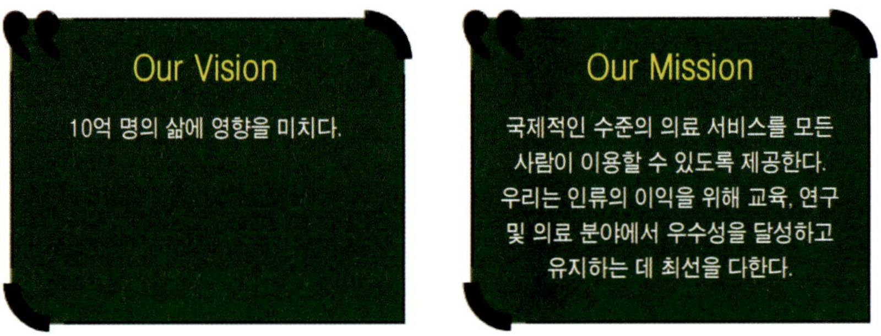

그림 4-16. Apollo Hospitals의 비전과 미션 (출처: Apollo Hospital 홈페이지)

아폴로병원은 14개 평가 지표를 통해 경영을 평가하고 있는데, 소비자 관련 지표는 서비스 품질 및 환자 안전, 고객 만족, 고객에 대한 정보, 프라이버시 및 사이버 보안, 헬스케어에 대한 접근성이다. 기업 관련 지표는 노무관리, 작업장 건강 및 안전, 기업 지배구조, 기업 윤리 및 컴플라이언스이다. 환경 관련 지표는 탄소 배출, 에너지 효율 및 관리, 폐기물 관리, 지역공동체 개발, 물 관리이다.

2023년 동안 아폴로병원은 탄소 배출을 줄이기 위해 다양한 에너지 효율 프로젝트를 시행하였다. 병원 내 에너지 사용을 최적화하고, 재생 가능 에너지원의 사용을 확대하여 탄소 배출을 감소시키는 데 주력하였다. 또한 의료 폐기물의 안전한 처리를 위해 새로운 폐기물 관리 시스템을 도입하였다. 이를 통해 병원에서 발생하는 폐기물의 재활용률을 높이고, 환경 오염을 최소화하였다. 지역 사회와의 협력을 강화하여 다양한 건강 증진 프로그램을 운영하였으며, 특히 농촌 지역의 의료 접근성을 높이기 위한 이동 진료소를 운영하였다.

이와 같은 활동을 통해 아폴로병원은 지속 가능한 경영을 실천하며 환자와 지역 사회 그리고 환경에 긍정적인 영향을 미치고 있다.

클리블랜드 클리닉

– 녹색 의료의 선구자로 우뚝 서다

클리블랜드 클리닉(Cleveland Clinic)은 미국의 비영리 학술 메디컬 센터이다. 1921년 설립 이후 세계적인 의료 시설로 성장하며, ESG 경영에 적극적으로 참여하고 있다.

환경 측면에서 클리블랜드 클리닉은 2007년에 설립된 지속 가능성 부서를 통해 자원관리, 친환경 설계, 지속 가능한 조달 및 지역 사회 회복력 향상을 위해 노력하고 있다. 2023년 보고서에 따르면 2022년까지 탄소 배출량을 22% 감축하였으며, 에너지 사용량은 2010년 대비 18% 감소시켰다. 또한 41%의 식품을 지역 및 지속 가능한 공급원에서 조달하고 있다. 2024년까지 29개의 기업 녹색 팀을 운영하여 병원과 가족 건강 센터에서의 지속 가능성 노력을 주도하고 있다.

사회 측면에서는 환자 중심의 케어, 의료진 지원, 지역 사회 참여에 중점을 두고 있다. 2023년 보고서에 따르면, COVID-19 대응을 위해 지역 사회 검사소 운영, 백신 접종 캠페인 주도, 국제적 의료 지원 등을 실시하였다. 2024년에는 지역 사회 건강 개선을 위해 14억 달러 이상의 지역 사회 혜택을 제공하였으며, 아동 납 중독 예방을 위해 5,250만 달러를 투자하였다.

지배구조 측면에서는 윤리적이고 투명한 경영을 추구하고 있다. 2023년 보고서에 따르면, UN 글로벌 콤팩트의 10대 원칙, UN 지속가능발전목표, 글로벌 보고 이니셔티브 기준에 따라 성과를 측정하고 있다. 2024년에는 ESG 성과를 정기적으로 평가하고 공개하는 시스템을 구축하였다.

클리블랜드 클리닉은 2027년까지 탄소중립(범위 1 및 2) 달성, 2030년까지 2010년 대비 에너지 사용량 40% 감축, 음식의 최소 30%를 지역 및 지속 가능한 공급원에서 조달, 2027년까지 비위험 폐기물 100% 전환, 2027년까지 물 사용량 10% 감축 등의 환경 목표를 설정하고 있다(표 4-9).

표 4-9. Cleveland Clinic 환경 지속 가능성 목표

문제	목표	2022년 진행 상황
기후	2027년까지 탄소중립(범위 1 및 2)*	전체 22% 감소
에너지	2030년까지 2010년 기준 1평방피트(약 0.09m^2)당 에너지 사용량을 40% 감소	18% 감소
지역 및 지속 가능한 식품	본 시설의 식량 중 최소 30%를 지역 및/또는 지속 가능한 공급원에서 조달	41% 현지에서 조달
쓰레기	2027년까지 100%의 비위험 폐기물을 매립지로 보내지 않기	26% 전환
물	2027년까지 2016년 기준 1평방피트당 물 사용량 10% 감소	13% 감소

* 범위 1 및 2: Scope1 & Scope2(p.41, Box 1-2 참조)

(출처: Cleveland Clinic 홈페이지)

이러한 ESG 활동을 통해 클리블랜드 클리닉은 의료 서비스 제공뿐만 아니라 환경 보호, 사회적 책임, 윤리적 경영을 실천하며 지속 가능한 발전을 추구하고 있다. 앞으로도 클리블랜드 클리닉은 ESG 경영으로 환자, 의료진, 지역 사회, 그리고 환경을 위한 가치 창출에 앞장설 것으로 기대된다.

제 5 장

미래를 여는 ESG 전략

미래 의료의 나침반

지속 가능한 변화를 위한 로드맵

최근 ESG의 영향력이 대기업을 넘어 우리나라의 주요 대학과 대형 병원까지 확장되고 있으며, 의료기관에서도 ESG 활동이 중요한 경영 원칙으로 자리 잡고 있다. 우리나라의 의료기관은 이미 의료기관평가인증, 의료질평가, 상급종합병원 지정 등 다양한 기준을 통해 운영 방향을 설정하고 있다. 이러한 기준들은 ESG 원칙과 중복되며, 특히 사회적 가치와 지배구조 부분에서 의료기관의 역할이 강화되고 있다. 그러나 의료기관은 설립 주체와 관리 법령, 그리고 관리 주체의 다양성으로 인해 ESG의 지배구조 부분에 일률적인 가이드라인을 설정하기 어렵다는 한계점도 있다.

우리나라 의료기관에서 ESG 활동이 특히 어려운 이유 중 하나는 병원의 공익성 때문이다. 의료기관은 본질적으로 비영리적인 역할을 수행하며, 사회 보험 제도인 건강보험체계를 적용받는다. 이는 의료기관의 존재 자체가 이미 사회적 가치를 실현하고 있음을 나타낸다. 의료기관은 사회에 대한 기여를 목적으로 지역 사회에 봉사하고, 환자의 건강을 지키는 중요한 역할을 수행한다. 따라서 ESG의 사회적 책임을 논하지 않더라도, 의료기관은 이미 대기업 이상의 사회적 책임을 다하고 있다.

지배구조 측면에서도, 의료기관은 청렴하고 투명한 구조를 갖추고 있다. 의료법에 따라 의료기관은 환자들에게 필요한 정보를 공개하고, 지배구조의 투명성을 유지하고 있다. 의료기관은 인간의 건강과 안전을 책임지기 때문에 투명한 경영을 유지하는 것이 필수적이다.

이는 ESG 경영 기준을 이미 충족하고 있다. 그러나 환경 분야에서는 여전히 많은 한계가 존재한다. 의료기관의 최우선 목표는 환자의 생명을 보호하는 것이기 때문에, 환경 오염이나 탄소 배출 문제는 상대적으로 후순위로 밀릴 수 있다.

의료기관에서 탄소 배출 감소나 일회용 의료기구 재사용과 같은 적극적인 환경 보호 활동을 추진하기 어려운 이유 중 하나는 이러한 활동이 환자의 안전 및 생명 존중과 충돌할 수 있기 때문이다. 예를 들어, 일회용 의료기구는 감염 예방에 필수적인데, 이를 재사용하려면 사회적 합의와 안전성 보장이 필요하다. 따라서 환경 보호와 감염 예방 사이의 균형을 찾는 것이 매우 어렵다. 생명을 구하기 위해 투입되는 에너지와 폐기물은 다른 가치로 대체되기 어렵다는 점에서, 의료기관은 ESG 환경 분야에서 특별한 도전에 직면해 있다.

현실을 감안할 때 우리 의료기관의 ESG 활동은 여전히 개별적으로 진행되며, 일부 상급종합병원에서만 제한적으로 시행되고 있는 실정이다. 특히 사회적 책임 활동에 중점을 두고 있으며, 환경과 지배구조 부분에서의 통합적인 경영 활동으로 보기는 어려운 상황이다.

이러한 한계를 극복하고 더 나은 ESG 실천을 위해, 의료기관의 특수성에 맞춘 접근법이 필요하다. 의료기관은 일반 기업과 다른 목적과 구조를 가지고 있기 때문에, ESG 원칙을 적용할 때도 일반 기업과는 다른 전략을 수립해야 한다. 다만 기존의 평가 기준과 통합할 수 있는 가이드라인이 필요하다.

ESG의 적극적인 도입을 위해서는 몇 가지 전제 조건이 충족되어야 한다. 첫째, 의료기관은 본래의 가치와 활동에 이미 ESG가 포함되어 있기 때문에, ESG 활동을 시작할 때 이를 고려해야 한다. 둘째, 여러 기준들을 통합할 수 있는 가이드라인을 마련해야 한다. GRI, SASB, TCFD 등 다양한 ESG 관련 보고 기준이 존재하지만, 의료기관의 특수성을 반영할 수 있는 기준이 필요하다. 기존의 의료기관평가인증이나 의료질평가도 이러한 가이드라인에 포함되어야 한다. 셋째, 사회적 합의가 필요하다. 일회용 의료 기구의 재사용에 대한 거부감이 있는 상황에서, 안전성과 신뢰성을 확보하지 않으면 이러한 ESG 활동은 시행하기 어렵다.

결론적으로, 의료기관은 ESG 실천을 통해 사회적 책임을 다하고 환경 보호에 기여할 수 있는 방향으로 나아가야 한다. 하지만 의료기관은 일반 기업과는 다른 특수성을 가지고 있기 때문에, 그에 맞는 접근이 필요하다. 의료기관의 ESG 활동은 가능하며, 이미 많은 부분에서 실천되고 있다. 앞으로는 더 체계적이고 통합된 ESG 전략을 수립하여, 의료기관의 지속 가능성 강화에 기여할 수 있어야 한다.

기후 위기와 건강

– 기후가 인간에게 미치는 파장을 이해하다

COVID-19 팬데믹은 전 세계가 직면한 중대한 건강 위기로, 감염관리 강화의 필요성을 상기시켰다. 그러나 COVID-19는 단기적인 문제일 뿐만 아니라, 기후 변화와 밀접하게 연결된 장기적 건강 위기이기도 했다. 기후 위기는 인간의 건강에 직접적이고 지속적인 영향을 미치며, 전 세계적인 공중 보건 문제로 대두되고 있다. COVID-19와 같은 팬데믹은 치료제나 백신을 통해 대응할 수 있지만, 기후 위기는 그와 같은 즉각적인 해결책을 기대할 수 없는 매우 복잡한 문제다. 이미 기후 변화로 인한 영향이 나타났고, 이는 시간이 지날수록 악화될 가능성이 높다.

기후 변화로 인한 건강 위기는 매우 현실적인 문제로, 유엔기후변화협약 제1조에서도 그 심각성이 강조되고 있다. 이 협약은 기후 변화가 생태계의 복원력이나 생산성에 해를 끼치는 것뿐만 아니라, 인간의 건강과 안녕에 심각한 영향을 미친다고 명시하고 있다. 기후 변화가 인간 건강에 미치는 영향을 줄이기 위해서는 온실가스 배출을 감소시키고, 기후 변화를 완화하기 위한 긴급한 조치가 필요하다. 이러한 노력은 단지 환경을 보호하는 데 그치는 것이 아니라, 인간의 건강을 지키는 가장 중요한 건강 정책으로 자리 잡아야 한다.

건강 위협에 대한 사전 예방의 원칙은 모든 보건 정책에서 중요한 원칙으로 작용해야 한다. 기후 변화에 관한 정부 간 협의체(Intergovernmental Panel on Climate Change; IPCC)는 지구 온도가 1.5℃ 상승하는 시점이 10년 앞당겨질 수 있다고 경고한 바 있다. 이 경고는 가장 실효성 있는 건강 정책이 온실가스 배출을 제로로 만드는 것이라는 점을 재확인해 준다. 이는 단순히 환경 문제를 해결하는 것을 넘어서 인간의 건강과 생명을 보호하는 데 중대한 역할을 한다. 온실가스 배출을 줄임으로써 대기오염과 미세먼지를 감소시킬 수 있으며, 이는 각종 호흡기질환과 심혈관질환, 천식, 암 등의 발병률을 낮추는 데 직접적인 기여를 할 수 있다.

연구에 따르면, 화석 연료에서 재생 가능한 에너지로 전환하는 것만으로도 전 세계 인구의 평균수명을 최소 1년 연장할 수 있다고 한다. 대기 오염 감소는 아동 천식과 알레르기 환자 수를 줄이는 데 도움이 되고, 기후 변화로 인한 극단적인 기상이변으로 발생하는 곡물 생산량 감소와 영양 결핍 문제도 일부 해결할 수 있다. 특히 저개발 국가의 어린이들에게는 이러한 변화가 생명을 구할 수 있는 중요한 역할을 할 것이다.

기후 변화와 건강의 상관관계를 사회적으로 의제화하고, 공중 보건 정책의 중요한 축으로 만들어야 한다(그림 5-1). 기후 변화가 인간의 건강에 미치는 장기적인 영향을 제대로 이해하고 이를 해결하는 것이 필요하다. 의료계 전반에서 기후 변화와 건강 영향에 대한 교육이 거의 이루어지지 않는 현실에서, 보건의료 종사자들이 이러한 문제를 충분히 이해하고 적절하게 대응할 수 있는 역량을 갖추는 것이 매우 절실하다.

그림 5-1. COP26 회의에 대한 보건의료·건강권 운동 선언. 세계 각국 정상이 모이는 COP26 회의에서 실질적이고 강제력 있는 온실가스 감축계획을 내놓을 것 그리고 의료체계의 정의로운 전환을 요구하였다. (출처: 연구공동체 건강과대안 홈페이지)

기후 변화는 생물학적 문제를 넘어 사회적, 생태적 영향을 주고받는 복합적인 문제이기 때문에, 이를 제대로 이해하고 대응할 수 있는 능력을 갖춘 보건의료 종사자들이 더욱 필요하다. 기후 변화와 건강의 상호 작용을 이해하는 의료 종사자들은 그들의 사회적 역할을 더 효과적으로 수행할 수 있으며, 더 나은 치료자로 성장할 수 있다. 그들은 기후 변화가 사회 생태계에 미치는 영향을 인식하고, 이를 기반으로 의료 현장에서 지속 가능한 건강관리를 실천할 수 있다.

결국, 기후 변화는 현대 사회의 가장 큰 도전 중 하나이며, 이를 해결하기 위한 통합적이고 포괄적인 접근이 필요하다. 의료기관은 ESG 원칙을 바탕으로 온실가스 감축, 재생 가능 에너지 활용, 감염관리 강화 등 다양한 조치를 통해 기후 변화로 인한 건강 위기에 대응할 수 있어야 한다. 이는 단순히 미래를 대비하는 차원이 아니라, 현재의 건강 문제를 해결하는 데도 중요한 역할을 하게 될 것이다.

첫 걸음의 중요성

– 작은 변화로 큰 차이를 만들다

지속 가능한 의료기관으로 전환하려면 단기·중기·장기 목표를 설정하고, 각각의 단계에 구체적인 실행 계획을 세워야 한다. 이러한 전략적 접근은 ESG 원칙을 의료기관 운영 전반에 통합시켜, 지속 가능한 의료기관을 구축하는 데 중요한 역할을 한다.

첫째, 단기적으로 의료기관은 내부적으로 에너지 사용 최적화와 폐기물 관리 개선에 초점을 맞추어야 한다. 의료기관은 에너지 소비를 줄이기 위해 고효율 장비를 도입하고, 건물의 에너지 관리를 개선할 수 있다. 예를 들어, 병원 내 조명 시스템을 LED로 교체하거나, 물 사용을 절감하는 기술을 도입하는 것이 단기적으로 실행 가능한 전략이다. 또한 의료 폐기물의 관리 체계를 강화하여, 일회용 의료 장비 사용을 줄이고, 폐기물의 재활용 비율을 높이는 방안을 모색해야 한다. 이로써 의료기관은 초기에 환경적 지속 가능성을 실천할 수 있다.

둘째, 중기적으로는 지속 가능한 감염관리 시스템을 구축하고, 환경친화적인 의료 소재 사용을 확대하는 것이 목표가 되어야 한다. 의료기관은 전통적으로 사용하던 화학 소독제

대신 자연 유래 소독제를 사용하는 등 환경에 미치는 영향을 줄이는 방안을 모색할 수 있다. 또한 재생 가능한 자원을 사용한 의료 장비와 소모품을 도입하여, 감염관리와 환경 보호의 균형을 맞추는 방법도 적극적으로 탐색할 필요가 있다. 이러한 노력으로 의료기관은 사회적 책임을 다하고, 환자와 직원 모두에게 안전한 환경을 제공하는 데 기여할 수 있다.

셋째, 장기적으로 의료기관은 운영 전반에 ESG 원칙을 완전히 통합하여, 지속 가능한 의료기관의 모델을 확립해야 한다. 장기 목표는 기후 변화 대응을 포함하여 온실가스 배출량을 줄이고, 에너지 효율성을 지속적으로 개선하는 것을 포함한다. 또한 ESG 전략을 경영의 핵심 요소로 채택하여, 모든 의료 서비스가 환경·사회·지배구조 요소를 고려한 지속 가능한 방식으로 제공되도록 해야 한다. 이를 통해 의료기관은 환자와 직원의 안전뿐만 아니라 지역 사회와 환경을 보호하는 데 중요한 역할을 할 수 있다.

넷째, ESG 기반의 전략을 수립하기 위해서는 우선 의료기관의 현황을 평가하고, 이를 바탕으로 관리할 ESG 목표를 설정해야 한다. 환경·사회·지배구조적 측면에서 현재의 문제점을 분석하고, 이를 개선할 수 있는 구체적인 목표를 수립하는 과정이 필요하다. 예를 들어, 에너지 소비를 줄이거나, 의료 폐기물의 재활용 비율을 높이는 목표를 설정할 수 있다. 이를 통해 의료기관은 장기적인 목표를 달성하기 위한 구체적인 로드맵을 마련할 수 있다.

의료기관 내부에서는 ESG의 중요성을 인식하고, 이를 실행할 의지를 형성하는 것이 필수적이다. ESG 전략은 의료기관의 전 구성원들이 그 중요성을 이해하고, 이를 적극적으로 실천하려는 의지가 있을 때 효과적으로 실행될 수 있다. 이를 위해 병원 내 교육 프로그램을 통해 ESG 원칙을 알리고, 직원들이 스스로 환경과 사회적 책임을 인식하도록 유도하는 것이 필요하다.

다섯째, ESG 전략의 실행과 성과를 측정하기 위해서는 데이터 수집이 필수적이다. 의료기관은 ESG 관련 데이터를 체계적으로 수집하고, 이를 바탕으로 정기적인 보고서를 작성하여 투명성을 확보해야 한다. 이러한 보고서를 통해 이해관계자들에게 병원의 ESG 실천 현황을 공개하고, 의료기관이 ESG 목표를 얼마나 달성하고 있는지에 대한 정보를 제공할 수 있다.

여섯째, 의료기관은 직원, 환자, 지역 사회와의 긴밀한 소통을 통해 ESG 관리를 강화해야 한다. 특히 환자와 직원이 의료기관의 ESG 목표를 이해하고, 적극적으로 동참할 수 있도록 소통 체계를 마련하는 것이 중요하다. 이를 통해 의료기관은 지역 사회와 함께 지속 가능한 경영을 실천하는 데 중요한 역할을 할 수 있다.

의료기관은 공급망에서도 ESG 요소를 고려하여 협력사를 선정하고 관리해야 한다. 지속 가능한 공급망 관리는 의료기관이 사용하는 자원과 제품을 환경친화적이고 사회적 책임을 다하는 공급자들로부터 공급받도록 하는 것을 의미한다. 이는 의료기관이 감염관리와 함께 공급망 전반에서 환경 보호와 사회적 책임을 실천할 수 있는 방안이 된다.

일곱째, 의료기관은 온실가스 감축, 에너지 효율성 개선 등 기후 변화 대응을 위한 목표와 계획을 수립해야 한다. 이는 장기적인 목표로, 기후 변화에 대처하면서도 병원의 운영을 지속 가능하게 만드는 중요한 전략이다. 병원 내에서 사용하는 에너지원의 전환, 에너지 절감 기술 도입 등 다양한 방법을 통해 기후 변화 대응 방안을 마련할 수 있다.

안전과 직원 복지, 사회 공헌 활동 등 사회적 책임을 실천하는 것도 ESG 전략에서 중요한 요소이다. 의료기관은 환자에게 안전한 진료 환경을 제공하고, 직원들이 일하기 좋은 환경을 조성해야 한다. 또한 지역 사회와 협력하여 사회적 책임을 다하는 활동을 지속적으로 전개해야 한다.

이러한 방법론은 의료기관이 ESG 관리를 도입하고, 지속 가능한 경영을 실현하는 데 중요한 역할을 한다. 의료기관은 환경, 사회, 지배구조에 관한 요소들을 평가하고, 적절한 대응 방안을 수립함으로써 장기적인 경영 목표를 달성할 수 있다.

변화를 지켜보는 눈
– ESG로 진척도를 모니터링하다

지속 가능한 의료기관으로의 전환을 위해서는 단계별 목표 달성 상황을 체계적으로 모니터링할 수 있는 시스템을 구축하는 것이 필수적이다. ESG 관련 활동, 감염관리 효과, 환경 영향, 사회적 기여도를 정기적으로 평가하는 모니터링 시스템이 필요하다. 이를 통해 의료기관은 지속 가능성 전략을 지속적으로 검토하고 조정하며, 필요한 개선 사항을 파악할 수 있다.

우선 모니터링 시스템은 ESG 활동의 진행 상황을 주기적으로 점검하고, 설정한 목표들이 제대로 달성되고 있는지를 확인하는 역할을 한다. 예를 들어, 의료기관이 에너지 사용을 줄이고 탄소 배출을 감축하기 위한 목표를 설정한 경우 이러한 목표가 실질적으로 어느 정도 이루어졌는지를 평가할 수 있다. 이를 통해 병원은 에너지 효율성을 높이기 위한 추가 조치를 취할지, 혹은 목표를 조정할지 결정하게 된다.

특히 감염관리 모니터링은 의료기관의 안전성과 환자 및 의료진의 건강 보호에서 매우 중요하다. 실시간 감염 사례를 추적하고, 감염률 변화를 분석하는 시스템은 병원 내 감염 위험을 줄이는 데 중요한 역할을 한다. 이를 통해 감염 예방 조치가 충분히 효과적인지, 추가적인 개선이 필요한지 파악할 수 있다.

기후 변화가 건강에 미치는 영향을 모니터링하는 체계도 구축되어야 한다. 기후 변화로 인한 재난은 지역과 개인의 자원 및 대처 능력에 따라 건강에 미치는 영향이 크게 달라질 수 있다. 예를 들어, 열파(기온이 비정상적으로 높아진 상태가 일정 기간 지속되는 기상 현상)나 홍수와 같은 기후 재난은 영·유아, 노인, 경제적 빈곤층, 만성 질환을 앓고 있는 취약 계층에게 더 큰 위협이 된다. 따라서 이러한 취약한 인구집단을 면밀히 파악하고, 지속적으로 모니터링하여 필요한 사회적·생태적·의료적 지원 체계를 구축하는 것이 중요하다.

기후 변화로 인한 건강 영향 모니터와 적응 평가 체계는 젠더(gender: 사회적 성으로 남성성과 여성성이라는 단어와 구분) 형평성을 고려하는 것이 필수적이다. 많은 연구 결과에 따르면 기후 재난 시 여성은 남성보다 더 높은 사망률을 보이며, 특히 가난한 나라일수록 여성이 기후 변화로 인한 기근과 영양결핍에 더 많이 노출된다는 보고가 있다. 또한 임산부는 기후 변화로 인한 계절적 변동과 전염성 질환에 더 취약한 상태에 놓인다. 취약 계층을 고려한 모니터링 시스템 구축은 의료기관이 공평하고 효과적인 대응 방안을 마련하는 데 도움이 된다.

결론적으로, 지속 가능한 전환을 위한 모니터링 시스템은 단순한 데이터 수집을 넘어 의료기관의 전반적인 운영을 효과적으로 조정하고 개선하는 데 중요한 역할을 한다. ESG 원칙에 따라 기후 변화와 감염병 대응을 동시에 고려한 포괄적인 모니터링 체계를 구축함으로써, 의료기관은 보다 지속 가능한 경영을 실현하고, 환자와 지역 사회의 건강을 보호하는 데 기여할 수 있다.

효과 측정의 기술

– 데이터로 성과를 가시화하다

효과적인 평가 방법의 도입은 의료기관이 지속 가능한 경영을 실현하고, ESG 전략을 성공적으로 실행하는 데 중요한 역할을 한다. 의료기관은 모니터링 시스템을 통해 수집된 데이터를 바탕으로 ESG 전략과 활동의 성과를 평가하고, 이를 통해 지속 가능성 목표가 제대로 이루어지고 있는지 확인할 수 있다. 평가 방법에는 자체적으로 개발한 지표, 국내·외 ESG 평가 기준, 환자 만족도 및 지역 사회의 반응을 포함한 다양한 측정 도구를 활용하는 것이 필요하다.

의료기관은 자체 개발 지표로 ESG 활동을 평가한다. 예를 들어, 감염관리의 효과성, 폐기물 감소, 에너지 효율성 향상 등 각 의료기관의 특성에 맞춘 구체적인 지표를 설정하여 ESG 목표 달성 여부를 평가할 수 있다. 이러한 지표는 병원의 운영 상황과 목표에 맞게 설계되어, ESG 전략이 실제로 어느 정도 실현되고 있는지를 파악하는 데 중요한 역할을 한다.

또한 의료기관은 국내·외 ESG 평가 기준을 도입하여 글로벌 표준에 부합하는 지속 가능성 평가를 받을 수 있다. GRI, SASB, TCFD와 같은 다양한 ESG 평가 기준을 활용하면, 의료기관은 보다 포괄적이고 객관적인 평가를 받을 수 있다. 이러한 평가 기준은 의료기관이 환경·사회·지배구조 측면에서 어느 정도 성과를 내고 있는지 그리고 개선이 필요한 부분은 무엇인지 명확히 보여 준다.

환자 만족도와 지역 사회의 반응도 중요한 평가 도구로 사용될 수 있다. ESG 전략의 효과는 단순히 환경적 성과나 경영적 성과에 그치지 않고, 실제로 환자들에게 제공되는 의료 서비스의 질과 지역 사회에 미치는 긍정적인 영향까지 평가해야 한다. 환자들은 의료 서비스의 지속 가능성과 사회적 책임을 중시하는 경우가 많기 때문에, ESG 전략이 환자 만족도에 미치는 영향을 평가하는 것은 매우 중요하다. 또한 지역 사회가 의료기관의 활동에 대해 어떻게 반응하고 있는지, 지역 사회와의 협력이 얼마나 성공적이었는지도 중요한 평가 요소로 작용한다.

평가 결과는 의료기관의 ESG 전략을 개선하고 의사 결정을 내리는 데 중요한 역할을 한다. 평가를 통해 발견된 문제점이나 개선점은 의료기관이 지속 가능성을 강화하는 데 도움을 준다. 예를 들어, 환자 만족도가 낮거나, 에너지 효율성 목표가 달성되지 않은 경우 이를 해결하기 위한 새로운 전략을 도입하거나 기존 전략을 수정할 수 있다. 이는 궁극적으로 의료기관이 ESG 목표를 보다 효과적으로 달성하고, 장기적으로 지속 가능한 운영을 실현하는 데 기여하게 된다.

결론적으로, 모니터링 결과를 바탕으로 의료기관의 ESG 전략과 활동의 성과를 평가하는 것은 지속 가능한 경영을 실현하는 데 중요한 과정이다. 자체 지표와 국내·외 평가 기준, 환자 및 지역 사회의 반응을 통합적으로 고려한 평가를 통해 의료기관은 지속 가능성을 높이는 동시에 의료 서비스의 질을 유지하고 환자와 지역 사회의 신뢰를 더욱 강화할 수 있다.

모두가 주인공

– 협력을 통해 더 나은 미래를 설계하다

의료기관이 지속 가능한 전환을 성공적으로 이루기 위해서는 다양한 이해관계자의 참여와 피드백을 적극적으로 수렴하는 것이 필수적이다. 이러한 이해관계자는 환자, 직원, 지역 사회 등으로 구성되며, 그들의 의견과 요구는 의료기관의 ESG 전략을 더욱 구체적이고 실질적으로 실행하는 데 중요한 역할을 한다. 이해관계자와의 소통을 통해 전환 과정에 대한 이해와 지지를 얻고, 이들의 기대와 요구를 반영하여 지속 가능한 발전을 도모할 수 있다.

환자는 의료 서비스에서 중요한 이해관계자이다. 의료기관이 지속 가능한 전환을 추진할 때 환자의 요구와 기대를 반영하는 것은 매우 중요하다. 환자들은 의료 서비스의 질과 지속 가능성에 대한 민감할 정도의 관심을 가지고 있기 때문에, 그들의 피드백은 의료기관의 운영에 중요한 방향성을 제공할 수 있다. 예를 들어, 의료 폐기물 관리나 감염 예방을 위한 친환경 소재 사용에 환자의 의견을 반영함으로써, 서비스의 질을 유지하는 동시에 환경적 지속 가능성을 강화할 수 있다.

의료기관에서 직원은 지속 가능한 전환 과정에서 핵심적인 역할을 담당한다. 의료진과 행정직원 모두는 환자와 직·간접적으로 접촉하며, 그들의 일상 업무가 병원의 지속 가능성에 영향을 미치기 때문에, 이들의 참여가 중요하다. 직원들이 ESG 원칙을 이해하고 이를 실천할 수 있도록 교육하고, 그들의 피드백을 반영하는 것이 필요하다. 직원들은 지속 가능한 운영을 위한 다양한 개선점을 제안할 수 있으며, 이들의 의견은 병원의 운영 효율성을 높이는 데 기여한다.

지역 사회는 의료기관의 운영과 밀접하게 연결된 중요한 이해관계자이다. 의료기관은 지역 사회와의 긴밀한 협력을 통해 지속 가능한 전환을 더욱 효과적으로 추진할 수 있다. 지역 사회와의 소통은 의료기관이 그들의 건강 문제와 환경적 요구를 이해하고, 이에 맞는 맞춤형 의료 서비스를 제공하는 데 도움을 준다. 예를 들어, 지역 사회에서 발생하는 건강 문제나 환경적 우려에 대해 공동으로 해결책을 모색하는 것은 의료기관의 사회적 책임을 다하는 중요한 활동이다.

이해관계자들과의 소통은 의료기관의 ESG 전환 과정에서 신뢰를 구축하는 데 매우 중요한 역할을 한다. 의료기관은 전환 과정에서 발생하는 모든 변화를 투명하게 공개하고, 이해관계자들에게 그 변화가 환자와 지역 사회에 미치는 긍정적인 영향을 설명해야 한다. 투명한 정보 제공은 환자, 직원, 지역 사회 간 신뢰를 강화하고, 의료기관의 사회적 책임을 다하는 모습을 보여 줄 수 있는 기회가 된다.

결과적으로, 이해관계자의 참여와 소통을 강화하는 것은 의료기관이 지속 가능한 전환을 이루는 데 중요한 역할을 한다. 환자·직원·지역 사회의 피드백을 수렴하고 이를 반영하여 ESG 전략을 지속적으로 개선함으로써, 의료기관은 지역 사회 내에서 긍정적인 사회적 영향력을 발휘하고 지속 가능한 발전을 주도하는 기관으로 자리매김할 수 있다.

맺음말

"ESG, 대비해야 대응할 수 있다"

의료기관에서 ESG 경영은 이제 필수가 되었다. 지속 가능성을 확보하기 위해 의료기관은 ESG를 도입하여 장기적인 운영 안정성을 강화할 수 있다. 또한 환자와 지역사회에 대한 사회적 책임을 다하는 것도 중요하다. ESG 경영은 의료기관의 지속 가능성과 안정성을 높이는 데 기여한다.

ESG와 의료기관 평가의 연계

ESG와 의료기관 평가의 연계는 점차 강화되고 있으며, 이는 의료기관의 지속 가능성과 사회적 책임을 평가하는 중요한 지표로 자리 잡고 있다. 구체적으로는 다음과 같은 방식으로 연계가 이루어지고 있다.

의료기관평가인증에서 ESG 관련 항목이 평가 기준에 포함될 가능성이 높아지고 있다. 환경 관리, 에너지 효율성, 의료 폐기물 관리 등 환경 관련 지표가 강화될 수 있으며, 직원 복지, 환자 권리 보호, 지역 사회 공헌 등 사회 관련 항목이 확대될 수 있다. 또한 의사 결정 투명성, 윤리경영 등 지배구조 관련 평가가 강화될 수 있다.

상급종합병원 평가에서 ESG 성과가 중요한 평가 기준으로 반영될 가능성이 높다. 탄소 배출량 감축, 재생에너지 사용 등 환경 관련 성과가 평가에 포함될 수 있으며,

의료 접근성 개선, 취약 계층 지원 등 사회적 책임 이행 정도가 평가될 수 있다. ESG 관련 위원회 운영, 이사회 다양성 등 지배구조 관련 항목이 평가에 반영될 수 있다.

의료질평가에서는 환자 안전과 의료 서비스 질 등 ESG와 연관된 항목이 강화될 것으로 예상된다. 의료진의 근무 환경, 스트레스 관리 등 직원 복지 관련 항목이 포함될 수 있으며, 환자 경험과 만족도 등 사회적 가치 창출 관련 지표가 강화될 수 있다. 또한 의료 정보 보안, 개인 정보 보호 등 윤리적 경영 관련 항목이 확대될 수 있다.

적정성 평가에서는 의료기관의 사회적 책임과 관련된 항목이 추가될 가능성이 크다. 의료 자원의 효율적 사용, 과잉 진료 방지 등 환경 및 사회적 책임 관련 지표가 포함될 수 있으며, 취약 계층에 대한 의료 서비스 제공, 지역 사회 건강 증진 활동 등 사회 공헌 활동이 평가될 수 있다. 또한 의료기관의 재정 건전성, 투명한 회계 관리 등 지배구조 관련 항목이 강화될 수 있다.

이러한 ESG와 의료기관 평가의 연계는 의료기관들이 단순히 의료 서비스 제공을 넘어 사회적 책임을 다하고 지속 가능한 경영을 실천하도록 유도하는 역할을 할 것이다. 또한 의료기관들이 ESG 경영을 통해 장기적인 경쟁력을 확보하고 사회적 가치를 창출하는 데 기여할 것으로 예상된다.

결국 올 것은 온다. 의료기관평가인증, 상급종합병원평가, 의료질평가, 적정성 평가 등에 포함되어 평가를 받거나 ESG 단독으로 평가를 받을 수 있으므로 대비해야 대응할 수 있다.

의료기관의 ESG 미래 전략

의료기관은 ESG를 통해 더 나은 미래를 준비할 수 있다. 환경 보호를 위해 의료 폐기물 감축과 에너지 효율화를 추진하며, 사회적 가치를 창출하기 위해 지역 사회 공헌과 의료 접근성 향상에 힘써야 한다. 투명한 지배구조를 구축하기 위해 윤리경영과 이해관계자 소통을 강화하는 것도 필수적이다. 마지막으로, ESG를 바탕으로 한 혁신적 의료 서비스 개발을 통해 지속 가능한 발전을 이룰 수 있다.

이처럼 ESG는 의료기관이 더 나은 미래를 향해 나아가는 데 중요한 역할을 할 것이다. 의료기관은 ESG를 통해 지속 가능한 성장을 이루고, 사회적 책임을 다하며, 궁극적으로는 더 나은 의료 서비스를 제공할 수 있다. ESG는 의료의 새로운 바람을 타고 우리를 더 나은 미래로 이끌어갈 것이다.

참고 문헌

고려대학교의료원. ESG Sustainability Report 2022. 2023.

국제의료전략단. 국내 의료기관의 ESG 인식도 및 경영 현황, 보건산업브리프 Vol.374. 한국보건산업진흥원, 2022.

김강국. 교황의 말씀 "기후위기 한계점 임박… 부자 나라부터 변해야". ESG경제, 2023.10.5.

김광기. 블랙록 래리 핑크 회장 2021년 연례 서한… "2050년 '넷제로' 사업계획 공개하라". ESG경제, 2021.1.28.

김광점. 국민보건 향상을 위한 의료기관 ESG 활동모델 개발. 보건복지부, 국민건강보험, 한국보건산업진흥원, 2023.

김도산. 국내 소비자 63%, "ESG경영이 제품 구매에 영향 준다". ESG경제, 2021.5.30.

김민석. 책임지는 경영자 정의로운 투자자. 위너스북, 2021.11.10.

김민준. 인천성모병원, 새 인재상 'PERITO' 선포. 메디포TV, 2023.1.4.

김보람. 가톨릭대 인천성모병원, 일회용품 없는 장례문화 구축 앞장선다. 헬스경향, 2020.11.30.

김용섭. ESG 2.0. 퍼블리온, 2022.

김은영. ESG 경영 시동 건 강북삼성병원… 'ESG 위원회' 발족. 청년의사, 2021.12.9.

김재필. ESG 혁명이 온다. 1, 2. 한스미디어, 2022.

김화진. ESG 투자경영의료. the bell, 2021.

김효진. KCGS, 11년만에 바뀐 ESG모범규준 확정해 발표. 임팩트온, 2021.8.5.

노희영. 바이드노믹스, 적극재정으로 '중산층 살리기' 집중… 환경정책은 180도 전환. 서울경제, 2020.11.6.

녹색산업인사이트. 재생에너지 전환을 위한 기업협력 이니셔티브, RE100 현황 및 전망. 서울시 녹색산업지원센터, 2024.

대한상공회의소. 중소·중견기업 CEO를 위한 알기 쉬운 ESG. 대한상공회의소, 삼정KPMG, 2021.

대한상공회의소. ESG경영과 기업의 역할에 대한 국민인식 조사. 2021.5.30.

대한의료관련감염관리학회. 의료관련감염관리. 군자출판사, 2023.

박대진. 병원 ESG 시발점 주목받는 '재사용 수술가운'. 데일리메디, 2023.10.21.

박란희. SK그룹 가입한 RE 100, 궁금증 10문 10답. 임팩트온, 2020.11.3.

박병태. 의료기관 ESG는 실행할 수 있는가?. 브런치스토리, 2023.11.13.

박원진. 서울대치과병원 'ESG 경영' 선포. 덴탈투데이, 2021.3.9.

박태준. NAVER 언택트 워크플레이스 리포트, 숭실대학교 박태준 교수 연구팀, 2022.6.13. https://www.navercorp.com/navercorp_/research/2022/20220613155714_2.pdf

박효순. 서울성모병원 'ESG 위원회' 발족. 경향신문, 2022.12.22.

변혜진. 고열로 들끓는 세계를 구출하기-기후위기와 건강정책의 전환, 참여연대 월간복지동향 12. 2021.

보건복지부. 의료기관 사용 기구 및 물품 소독 지침. 보건복지부고시 제2020-295호, 2020.12.18. 일부 개정.건복지부. 2024년 지역사회 통합건강증진사업 총괄 안내. 2024.

비상경제 중앙대책본부. 친환경·포용·공정경제로의 대전환을 위한 ESG 인프라 확충 방안. 관계부처 합동, 2021.

문승관. 늘어나는 'K-RE100' 가입… 탄소중립 속도전 나선 기업들. E 산업/통상, 2021.12.15.

삼성서울병원. 2023 ESG 보고서. 2023.

삼성서울병원. 2024 ESG 보고서. 2024.

삼정KPMG 경제연구원. ESG 경영 시대, 전략 패러다임 대전환. 2020.

산업통상자원부 지속가능경영지원센터. K-ESG 가이드라인. 2022.

산업통상자원부 지속가능경영지원센터. 공급망 대응 K-ESG 가이드라인. 2022.

성진영. 지속가능경영보고서 작성 포인트. 한국표준협회, 2021.

신석주. 'RE100이 뭐야?' 수출기업 절반 이상 모른다. 에너지신문, 2024.4.25.

신재경. ESG 실천과제, 탄소중립·재생에너지·의료폐기물 집중. 메디월드, 2023.12.31.

신지현. 한권으로 끝내는 ESG 수업. 중앙books, 2022.

신형주. 잘되는 병원 넘어 존경받는 병원 필수조건 ESG 경영. MEDICAL Observer, 2022.7.21.

안재용. 값싸고 설치 쉬워… 2배 늘어난 지붕 위 발전소. 머니투데이, 2021.3.1.

연구공동체 건강과 대안. COP26 회의에 대한 보건의료·건강권 운동 선언문: 기후위기는 건강의 위기. 2021.11.8.

오소영. BMW, 삼성SDI·CATL에 "재생에너지로 배터리 셀 생산" 주문. 더구루, 2020.7.5.

오인규. 슈나이더 일렉트릭, '지능형 전력 솔루션' 스마트 병원 시대 앞장. 의학신문, 2024.4.18.

율촌. 비상경제 중앙대책본부, "ESG 인프라 확충 방안" 발표. 법률신문, 2021.11.11.

이경호, [기업경영의 뉴 패러다임] 블랙록의 편지 한 통… ESG광풍을 불러오다, 아주경제, 2021.2.16.

이노소셜랩 지속가능경영센터. ESG Handbook_4, ESG 정보공개. 사회적가치연구원, 2023.

이상만. 세종병원그룹, ESG 경영위원회 출범… '건강 행복한 미래' 활동 착수. 의학신문, 2021.8.27.

이상만. 세종병원그룹, 환경·사회·지배구조(ESG) 실천 앞장선다. 의학신문, 2023.5.31.

이상수. 일회용 의료기기의 재처리 및 재사용에 엄격 관리기준 적용. 의료기기뉴스라인, 2017.7.31.

이소진. 네이버 1784, 건물이 아니라 하나의 플랫폼. 네이버디자인, 2023.12.27.

이승진. 쓰레기를 자원으로…순환경제 선두주자 '수퍼빈'. 아시아경제, 2024.8.21.

이신형. 정부, 中企 공급망 실사 지원… 'K-ESG 가이드' 서비스 개시. ESG경제, 2022.12.7.

이재원. 국내 의료기관, EO가스 위험성 불구 '무방비 상태' 노출. 의학신문, 2019.6.9.

이정민. 화순전남대병원, ESG 경영 선포… 평가지표 개발. 무등일보, 2022.8.9.

이진원. 블랙록 래리 핑크 회장, "ESG 용어 쓰지 않겠다". ESG경제, 2023.6.27.

이희원. '환자·직원 안전한 환경' 서울아산병원 '안전보건 경영' 선포. 세이프타임즈, 2022.3.17.

임재관. 세계 공중보건 전문가들 "다음 팬데믹은 인플루엔자" 질병관리청 '대비·대응 계획' 개정안 공개. 메디컬월드뉴스, 2024.9.17.

장인선. 보건의료 EGS혁신, 우리가 이끈다. 헬스경향, 2022.12.6.

장창민. "공급망 실사에 인권·환경 강조… 현장 조사보다 체계 구축이 중요". 한경ESG, 2023.5.13.

전범주. '가맹비 0원' 이삭토스트, 대표와 가맹점 손잡고 선행. 매일경제, 2022.1.25.

정광성. 고려대의료원, '2024 서울헬스쇼'서 의료 ESG경영 방향성 제시. 의학신문, 2024.5.17.

정용철. 서울아산병원, ESG 활동 강화… 23개 지표 수립. 전자신문, 2024.2.5.

조병옥, 공급망내 생존 위해 '중소기업 ESG 경영' 절실. 중기이코노미, 2021.11.9.

조병옥. 이니셔티브, 거버넌스, 얼라이언스… 알쏭달쏭. 중기이코노미, 2022.9.19.

조병옥. ESG 경영하지 않으면서 '하는 척' 눈속임 조심. 중기이코노미, 2022.4.12.

조우선. 병원도 예외 없는 '중대재해처벌법' 대처 방법은. 데일리메디, 2022.2.16.

조재희. 올해만 새 규제 43개… EU發 '환경 장벽'이 몰려온다. 조선일보, 2023.12.12.

조혜진. 국내외 다양한 지속가능성 표준. note 뉴스, 2023.9.4

조후현. 부천성모병원, ESG 영성경영 선포식. 메디파나, 2023.10.5.

조훈, 우연희, 박숙경(질병관리청 의료안전예방국 의료감염관리과). 제2차 의료관련감염 예방관리 종합대책(2023-2027), 주간 건강과 질병 2024;17(13):521–31.

중소벤처기업부, 중소벤처기업진흥공단. 중소벤처기업을 위한 ESG 경영안내서–솔루션편. 2021.

중소벤처기업부, 중소벤처기업진흥공단. 중소벤처기업을 위한 ESG 경영안내서–이해편. 2021.

질병관리청. 보도자료–제2차 의료관련감염 예방관리 종합대책(2023–2027) 발표. 2023.4.12.

질병관리청, 대한의료관련감염학회. 의료관련감염 표준예방지침. 2017.

차민주. "쓰레기는 돈" 외친 김정빈 수퍼빈 대표… 2000억짜리 스타트업의 성공비결은?. 뉴스; 트리, 2022.4.19.

차원준. 화순전남대병원 'ESG 경영' 선포. 의학신문, 2022.8.10.

채민선. 공급망 중기, ESG 요구수준 강화에 어려움. 중기이코노미, 2022.6.2.

채해선. 사스 → 메르스 → 코로나 주기 심상찮다… 전문가 '감염병X' 경고. 중앙일보, 2023.3.24.

한국거래소. ESG 정보 공개 가이던스, 2021.

한국기업지배구조원. ESG 모범규준. 2012.

한국보건산업진흥원. 국민보건 향상을 위한 의료기관 ESG 활동모델 개발. 2023.5.12.

한귀영. 캔·페트병 자동 수거, 포인트 현금 전환 "쓰레기가 돈이 되고 재활용이 즐겁다". 한겨레, 2024.6.17.

함지원. 수퍼빈… AI로 쓰레기 '재밌게' 재활용하다. SDG뉴스, 2024.5.13.

환경부. 보도자료-종이빨대 환경영향 우려는 해외 연구사례에 불과하며, 국내 생산 종이빨대와는 관련이 없음. 2024.9.4.

환경부 폐자원관리과. 의료폐기물 분리배출 지침. 2023.12.

American Society of Anesthesiologists, 흡입 마취제의 환경 영향, 2024.1.29.

Apollo Hospitals. Business Responsibility and Sustainability Report FY 2023-2024. Retrieved from Apollo Hospitals, 2023.

Apollo Hospitals. Sustainability Report 2024. Retrieved from Apollo Hospitals, 2024.

BBC NEWS 코리아. 의료 폐기물을 환경 친화적으로 처리할 수 있을까?. 2020.8.22.

Cleveland Clinic. Sustainability & Global Citizenship Report 2023. 2023.

Cleveland Clinic. Environmental Sustainability Goals and Progress. 2024.

Cleveland Clinic. About the 2023 Report. 2023.

CommonSpirit Health. Environmental, Social, and Governance Report 2023. 2023.

CommonSpirit Health. Sustainability Report 2024. 2024.

Dignity Health. Community Health Needs Assessment Report. 2023.

JCI. Reuse of Single-Use Devices: Understanding Risks and Strategies for Decision- Making for Health Care Organizations. 2017.

Mayo Clinic. Environmental, Social, and Governance Report 2023. 2023.

Mayo Clinic. Mayo Clinic's strong performance in 2023 ignites healthcare transformation. Retrieved from Mayo Clinic News Network, 2024.

Mayo Clinic. Sustainability Report 2024. 2024.

Mayo Clinic. Year End 2023 Consolidated Financial Report. Retrieved from Mayo Clinic, 2023.

Ramsay Health Care. Annual Report 2024. 2024.

Ramsay Health Care. Environmental, Social, and Governance Report 2023. 2023.

Ramsay Health Care. Impact Report 2023. 2023.

Ramsay Health Care. Sustainability Report 2024. 2024.

Rutala WA, Weber DJ. Guideline for Disinfection and Sterilization in Healthcare Facilities, 2008. CDC, 2024.

UN Global Compact Network Korea. 지속가능금융 동향 및 회원사 사례, 2023.

US Food & Drug Administration. Medical Device User Fee and Modernization Act(MDUFMA). 2024.3.10.

참고 사이트

가톨릭대학교 서울성모병원 홈페이지: https://cmcrefer.cmcnu.or.kr/notice/newsView.do?article_no=497045&cPage=16&SK=&SV=

가톨릭학교법인 웹진: http://www.catholicfound.org/phgrp/wbzsite/WbzSiteMain.do

강북삼성병원 홈페이지: https://main.kbsmc.co.kr

고려대학교의료원 ESG 지속가능경영보고서: https://centerforesg.kumc.or.kr/esg_a/list.do

관악서울대학교치과병원 병원뉴스: https://www.snudh.org/portal/bbs/selectBoardArticle.do?bbsId=BBSMSTR_000000000242&nttId=3584&pageIndex=5&searchCnd=&searchWrd=&menuNo=21080100

국가법령정보센터, 감염병의 예방 및 관리에 관한 법률: https://www.law.go.kr/%EB%B2%95%EB%A0%B9/%EA%B0%90%EC%97%BC%EB%B3%91%EC%9D%98%EC%98%88%EB%B0%A9%EB%B0%8F%EA%B4%80%EB%A6%AC%EC%97%90%EA%B4%80%ED%95%9C%EB%B2%95%EB%A5%A0

국가법령정보센터, 의료법: https://www.law.go.kr/%EB%B2%95%EB%A0%B9/%EC%9D%98%EB%A3%8C%EB%B2%95

국가법령정보센터, 지속가능발전 기본법: https://www.law.go.kr/lsInfoP.do?lsiSeq=238845#0000

네이버 디자인 블로그: https://blog.naver.com/designpress2016/223303332034

산업통상자원부 지속가능경영지원센터: http://www.k-esg.or.kr/

서울아산병원, 종합병원 최초 ESG 위원회 발족: https://www.amc.seoul.kr/asan/depts/nsg/K/noticeDetail.do?menuId=1247&contentId=5022

삼성서울병원 ESG 보고서: http://www.samsunghospital.com/home/info/esgReport.do

서울특별시 식생활종합지원센터: https://www.seoulnutri.co.kr/index.do

세종병원 공식 블로그: https://blog.naver.com/sejong1982

수퍼빈 홈페이지: https://www.superbin.co.kr/

월드채널, 포스트 MDGs 시대의 NGO 활동, 지속가능성이 문제다: http://www.koshine.org/2016/bbs/board.php?bo_table=B53&wr_id=179

유엔글로벌콤펙트 홈페이지: http://unglobalcompact.kr/

의료기기 세척 시장 전망, Exactitude Consultancy: https://exactitudeconsultancy.com/reports/1259/medical-device-cleaning-market/

지속가능발전목표(SDG)와 한국 데이터: https://www.index.go.kr/unity/potal/SDGsIndicatorService.do?idxCd=G0155

질병관리청, 의료감염관리: https://www.kdca.go.kr/contents.es?mid=a20301080100

프란치스코 교황 회칙. 천주교 서울대교구 정의평화위원회 사회교리 문헌 자료실: https://catholicjp.or.kr/index.php?mid=lib_doc&m=0&document_srl=22481

한국사회책임투자포럼(KoSIF) 홈페이지: https://kosif.org/

한국폐기물협회, 의료폐기물의 안전한 관리 및 처리를 위한 지침: http://www.kwaste.or.kr/bbs/board.php?bo_table=board17&wr_id=194

한국ESG경영지원협회 홈페이지: http://www.kemsa.or.kr

한국ESG기준원-모범규준: https://www.cgs.or.kr/business/best_practice.jsp

한림대학교의료원-환경운동사업: https://www.hallym.or.kr/hallymuniv_sub.asp?left_menu=left_contribution&screen=ptp109_02

혜원의료재단 소식: http://www.hyewonfoundation.co.kr/notice/view?bbsNo=6931&schKind=notice

화순전남대학교병원 소식: https://www.cnuhh.com/board/B0025.cs?act=read&articleId=35812&searchKeyword=&searchCondition=&searchEndDt=&m=&searchStartDt=&pageIndex=1&pageUnit=0

ARTA-IAHTM Life Cycle Analysis on Surgical Gowns Gives the Advantage to Reusables: LCA_surgicalgowns-pressreleaseARTA-IAHTM_2018.pdf

BlackRock 홈페이지: https://www.blackrock.com/corporate/investor-relations/2021-larry-fink-ceo-letter

EU Medical Device Regulation 2017/745: https://eur-lex.europa.eu/eli/reg/2017/745/oj/eng

FDA 510K(시판 전 검토 신청 자료) 가이드라인: https://www.fda.gov/medical-devices/premarket-notification-510k/510k-submission-process

IPCC(기후변화에 관한 정부 간 협의체): https://www.ipcc.ch/

JCI 인증 표준: https://www.jointcommissioninternational.org/standards/

JW중외제약 홈페이지, 지속가능경영: https://www.jw-pharma.co.kr/pharma/ko/board/health-tech_view.jsp?contentsCd=210828184719696G6O95

MDGMONITOR 홈페이지: https://www.mdgmonitor.org/millennium-development-goals/

P4G 홈페이지: https://p4gpartnerships.org

Ramsay Health Care 2024 연례보고서: https://www.ramsayhealth.com/globalassets/global/sustainability/ramsay-health-care-impact-report-2022.pdf

RE100 홈페이지: https://www.there100.org/

TeamSTEPPS 3.0 홈페이지: https://www.ahrq.gov/teamstepps-program/index.html

The 2022 Globescan/SustainAbility Leaders Survey – Report & Webinar: https://globescan.com/2022/06/23/2022-sustainability-leaders-report/

WHO 감염 통제 지침: https://www.who.int/health-topics/infection-prevention-and-control#tab=tab_1